Bernd Späth
Gibt es Eis in Oklahoma?
Roman

ILV

Originalausgabe 2012

Umschlagfoto: © Bernd Späth
Umschlagentwurf: © UlinneDesign, Neuenkirchen
Satz: IL-Verlag
ISBN: 978-3-905955-34-7

In memoriam
Georg Bossert
meinem ermordeten Freund

«Ist es recht so, Paps?»
«Pass auf, dass du gerade schneidest!»
«So, Paps?»
«Du musst ein wenig ins Fett hineinschneiden, sonst kriegst du die Haut nie gelöst.»
«... glitschig!»
«Mhm.»
«Paps?»
«Mhm.»
«Soll ich den Schwanz abschneiden?»
«Hast du mir eigentlich noch nie zugesehen?!»
«Doch, Paps. Soll ich ihn abschneiden?»
«Schneid‘ außen herum.»
«Meine ganzen Hände sind voll Blut.»
«Jetzt schneidest du doch zu tief ins Fett!»
«Tut mir leid, Paps.»

«Meinst du, sie hat noch was gespürt, Paps?»
«Wenn du weiterredest, wird sie kalt sein. Dann kriegst du die Haut nicht mehr herunter.»
«Sie hat geschrien wie ein kleines Kind, Paps. Wie ein richtiges kleines Kind, das sich weh getan hat.»
«Wenn du ein Jäger sein willst, darfst du nichts dabei empfinden.»
«Ja, Paps.»

«Ich empfinde nichts, Paps. Sie hat nur so furchtbar geschrien.»
«Pass auf, wo du hin schneidest!»
«Siehst du ihre Schnauze, Paps?»
«Was ist mit der?»
«Sie sieht tot aus.»
«Sie ist tot.»

«In den ersten Minuten nach dem Schuss, da hatte sie noch ein richtig lebendiges Gesicht. Ein richtiges Kindergesicht, irgendwie.»
«Du denkst zuviel.»
«Ja, Paps.»

«Paps?»
«Was?»
«Wenn wir fertig sind, zünden wir dann ein bisschen Speck an und gucken, ob wir einen Eisbären anlocken können?»
« Wirst du denn je fertig?»
«Ich mach‘ schon weiter, Paps.»
«Um die Flossen oval herum schneiden. Schön sauber und nahe an den Flossen dran.»
«Aber wenn wir fertig sind, könnten wir doch ...»
«Wenn wir fertig sind, gibt‘s Bettruhe. Wir haben vier Stunden Fahrt zurück. Und morgen früh ist Schule.»
«Ja, Paps.»

«Manchmal wünsch‘ ich mir, ich wär‘ älter, Paps.»
«Mhm.»
«Einfach älter, Paps. Damit ich mich nicht mehr bei allem so anstelle.»
«Mhm.»
«Aber ich geb‘ mir wirklich Mühe, Paps. Wirklich. Du kannst mir das glauben.»
«Sorgfältig abziehen, sonst schneidest du Löcher.»
«Ich möchte eigentlich, dass du stolz auf mich bist, Paps. Aber ich glaub‘, ... ich glaub‘ ... vielleicht bin ich gar kein richtiger Jäger.»
«Mhm.»
«Ich bin doch auch erst zwölf.»
«Wo siehst du eigentlich hin?»
«Bei Mama auf dem Festland hab‘ ich es nicht gelernt.»

«Schnäuz dich, und dann hör‘ auf mit dem Geflenne!»

«Paps?»
«Ja.»
«Was meinst du, was aus der anderen geworden ist?»
«Die du nicht richtig getroffen hast?»
«Meinst du, sie lebt noch?»
«Sie ist in ihr Eisloch zurück und im Wasser ertrunken.»
«Bestimmt, Paps?»
«Ja. Du hast sie nicht richtig erwischt. Die roten Gewebestückchen neben dem Eisloch, das waren Gehirnteile.»
«Armes kleines Robbenbaby.»
«Das Sterben gehört zur Arktis. Das ist nun mal so.»
«Sterben sie schnell, wenn sie unter Wasser sind?»
«Meist verbluten sie. Oder sie werden zu schwach um aufzutauchen. Dann ertrinken sie.»
«Sie tut mir leid, Paps.»
«Jetzt hast du doch ein Loch geschnitten.»
«Au weiah ...»
«Weil du ständig redest und an anderes denkst.»
«Ja, Paps.»

«Soll ich das Fell auf den Schlitten binden, Paps?»
«Wozu denn noch, es hat ein Loch.»
«Oh Mann. - Ist es total wertlos, jetzt?»
«Wisch deine Hände im Schnee sauber.»
«Was passiert mit dem Kadaver hier, Paps?»
«Die Möwen kreisen schon über uns. Und die Polarfüchse lassen nichts über.»
«Oder ein Eisbär findet sie.»
«Oder der.»
«Aber gefressen wird sie auf jeden Fall.»
«Immer.»
«Sie war noch ein Baby.»

«Stimmt.»
«Soll ich jetzt den Motor anlassen, Paps?»
«Zieh deine Handschuhe an und die Fellhandschuhe drüber.»
«Ja Paps.»
«Und dann hör' mir zu.»
«Okay Paps.»

«Du hältst dich genau in meiner Scooterspur. Halt immer hundert Meter Abstand zu mir. Falls der Vordermann irgendwo einbricht, erwischt es den Hintermann nicht mit. Pass aber auf, dass der Abstand nicht größer wird. Wenn du irgendwo Schwierigkeiten bekommst, kann ich dich nicht hören. Die Motoren sind zu laut. Wir halten von hier aus acht Kilometer südsüdöstlich aus dem Fjord hinaus, bis wir an der Gänsespitze sind. Dort drehen wir nach Südosten. Dazu allerdings müssen wir auf das Land hinauf. Es gibt eine einzige Stelle, wo wir hochkommen. Sie hat Tiefschnee. Wenn deine Maschine dort steckenbleibt, musst du sie irgendwie freikriegen und notfalls hochschieben. - Hörst du mir eigentlich zu?»
«Ja, Paps.»
«Wir überqueren die Halbinsel - wie heißt Sie ...?»
«... Gänsespitze?»
«... südöstlich, bis zur Gipsbucht. Dort halten wir weiter südöstlich, immer in Ufernähe. Das Eis dort ist dünn, also halt' immer deine Geschwindigkeit, damit du nirgends einbrichst. Wenn du irgendwo stecken bleibst, knie dich mit beiden Beinen auf das Ende der Maschine und gib ruckweise Gas, aber vorsichtig! Wir fahren fünf-sechs Kilometer, bis der Sassenfjord in den Tempelfjord übergeht. Dort ist das Eis wieder sicher. - - Falls wir uns aus den Augen verlieren, folge meiner Spur bis dorthin. Ab da halt' immer südlich, auf die Fredheim-Hütte zu, sie ragt mit dem Giebel aus dem Schnee. Dort kommen wir das Ufer hoch. Wenn wir oben über den Steilabbruch fahren, hängst du dich mit dem ganzen Körper bergwärts, damit du nicht ab-

rutschst. Danach drehen wir südlich ins Sassental, und die letzten vierzig Kilometer kennst du wohl.»
«Klar, Paps.»
«Hast du alles verstanden?»
«Ja. - - - - Paps?»
«Hätten wir viel bekommen, für das Fell, das ich zerschnitten hab'?»
«Dem gingen eh' die Haare aus, es ist wertlos. Das Tier war krank, sonst hättest du es nie erwischt.»

Halvards Finger krampften sich in den Handschuhen zusammen, als er Gas gab, um in die Wolke aus Schnee und Auspuffgasen einzutauchen, die der davon stiebende Schlitten seines Vaters hinter sich empor wirbelte.

Der Junge ist zu weich, dachte Hagen. Die raue Fahrt über das Eis rüttelte ihn durch, und das Visier seines Helms beschlug in Höhe seiner Nasenlöcher von innen mit Eis. Solveig hatte ihn weich werden lassen. War fraglich, ob noch viel daran zu reparieren war. Verzärtelter Bursche.

Schade, dass er nach seiner Mutter schlug. Sie hatte das arktische Leben nicht ausgehalten. Ging zurück aufs Festland, als Halvard sieben war. Jahre, die dem Jungen jetzt in seiner Entwicklung fehlten. Er kannte nichts. Während seine Altersgenossen mit ihrer .22er-Remington Schießübungen auf Raubmöwen abhielten, hatte Halvard unübersehbar Angst vor einem Gewehr. Man sah es schon an der zaghaften Art, wie er Patronen ins Magazin füllte. Er fasste sie so zögerlich an wie die Möbel einer Puppenstube. Anfangs hatte er wochenlang überhaupt nur in seinem Zimmer gesessen und gelesen, während draußen sich das wirkliche Leben abspielte.

Vielleicht war es auch nur eine Reaktion auf den neuen Trennungsschock gewesen. Der Junge hatte immer eine sehr enge Beziehung zu Hagen gehabt, bis Solveig ihn verließ. Schon damals hatte Hagen sich bemüht, ihm ein guter Lehrer zu sein. Dann der Bruch. Jahre nebeneinander hergelebt, ohne dass sie sich für sein Leben interessierte, und urplötzlich von ihr der Vorwurf mangelnder Sensibilität.

Sie hatte sich nicht einmal die Mühe gegeben, etwas zu verstecken. Als er hereingekommen war, lag sie, von Kariine Svenssens Sonnenbank streifenlos braungebrannt, auf dem Bett, die Beine feucht auseinandergeklappt, eine tiefe, tiefe Zufriedenheit im Gesicht. - Nun kapierte er schlagartig, warum sie neuerdings ständig ins Solarium rannte.
«Tut mir leid, dass du es so erfährst.»
Draußen das Geräusch eines durch die Dunkelheit davonsägenden Scooters. - Müßig zu überlegen, wer es gewesen sein konnte.
Er hatte geschwitzt in seiner Polarkleidung, in seiner Linken noch immer das leblos baumelnde Schneehuhn, das er ihr fürs Abendessen geschossen hatte.

«War es wenigstens gut?», hatte er ohne Regung geknurrt.
Als Antwort grinste sie zufrieden. Dann steckte sie sich genüsslich den rechten Zeigefinger zwischen die Beine, zog ihn heraus, steckte ihn in den Mund, zog ihre Lippen daran entlang und sagte ganz einfach: «Mhm.»

Auch in diesem Moment hatte er erfolgreich verborgen, wie sehr sie ihn getroffen hatte. Tagelang hatte er einfach nicht mehr mit ihr gesprochen. Er wartete darauf, dass sie kam. Und sie kam, jedoch anders, als er erwartet hatte: Seine Sturheit, seine Empfindungslosigkeit, die Art wie er sie nächtens «ohne jede Regung beharkte», etc. etc. Es regnete über ihn her wie Eiskristalle. Sie wisse nicht, ob «das Andere» eine Zukunft habe, aber sie wisse, sie hätte ihn satt. Satt, satt, satt. - - - Hagen wusste, wann er Verluste abzuschreiben hatte. Er erklärte sich mit allem einverstanden und brachte sie wortlos mit ihren Habseligkeiten zum Flughafen, Halvard mit ihr. Dann redete er nicht mehr von den beiden und ließ nicht zu, dass man ihn danach fragte.

Bisweilen hatte ihn Klatsch erreicht. Sie war wohl nach einem kurzen Zwischenspiel mit ihrem Lover zurückgegangen zu ihren Eltern auf den Lofoten. Dann fand sie eine Stelle in Kiruna. Fünf Jahre lang hatte Hagen spärlich rieselnde Details über sein Kind zusammengesammelt wie sonst die arktischen Fossilien, die er auf seinen Jagdzügen fand. Beides hatte er außerhalb seines Hauses gelagert, von wo es nicht an ihn herankonnte.

Als sie ihn vor drei Monaten anrief, hatte selbst er seine Überraschung nicht verbergen können. Für einen verhassten Moment war eine unsinnige Hoffnung in ihm hochgefahren, die seine Stimme belegte. Sie hatte es bemerkt. Auch ihre Stimme war weich gewesen, und sie hatte sich Zeit gelassen, mit ihrem Anliegen herauszurücken: Sie hatte jemanden getroffen, der «einen neuen Versuch wert war.» Und sie wollte, dass Hagen Halvard für ein Jahr lang zu sich nähme. Während sie zu ihrem Neuen - einem Wissenschaftler aus Oklahoma - ging, um dort die Partnerschaft auszuprobieren. Nach einem Jahr wollte sie Halvard zu sich holen - wenn mit dem Neuen alles gut lief.

Hagen hatte sein emporschießendes Glücksgefühl schnell abgewürgt und allem so wortkarg zugesagt, wie ihre Ehe stets verlaufen war. Vor drei Monaten dann hatte er seinen Sohn in Empfang genommen - und für einen kurzen Moment auch scheu in den Arm, nachdem Halvard ihm wie ein tolles Fohlen entgegengestürmt war. Es war keine einfache Zeit für beide. Stets hatte Hagen das Gefühl, dass Halvard etwas von ihm erwartete. Also hatte er ihm gegeben, was ein Mann seines Zuschnittes zu geben hatte. - Er hatte ihn mit hinausgenommen, ihn das wilde Leben zu lehren. Manchmal weinte Halvard dabei, weil es ihn zu sehr anstrengte oder weil er sich ängstigte. Aber Hagen hatte sich in den Gedanken verbissen, dass ihm nur noch neun oder zehn Monate blieben, um aus dem Jungen einen Mann zu machen, bevor er ihn wieder abgeben musste. Also hatte er sich entschlossen, den Kleinen so hart wie möglich zu fordern. - Möglicherweise war es das letzte Mal, dass er ihm etwas mitzugeben hatte.

Hagen war immer Jäger gewesen, trotz seines Brotberufs als Lastwagenfahrer der Minengesellschaft. Freiheit, fand er, war dort, wo keine Drähte gespannt waren. Deshalb ging er hinaus, so oft er konnte, und mehr als er sich selbst gegenüber zugeben wollte, wünschte er sich, dass der Junge es ihm gleich täte.

Er sah sich kurz um. Tapfer kämpfte Halvard sich über das Eis, auf die Ostküste des Billefjords zu. Für einen Zwölfjährigen schon mehr als gut, dachte sich Hagen zufrieden. Er war entschlossen, in seinen Anforderungen nicht nachzulassen. Halvard sollte nichts von seiner Zufriedenheit spüren, noch weniger von seinem gelegentlichen Stolz auf ihn. - Es würde ihn nur achtlos werden lassen.
Die Monate flossen dahin, dachte Hagen sich, und dieses Maß an Freiheit und an Wildheit war alles, was er dem Kind mitzugeben hatte. - Hatten sie Eis in Oklahoma? Vermutlich nicht.

Er hielt an und wartete, bis der Junge herangekommen war.

«Und?», fragte er.
«Alles klar, Paps.»
Hagen nickte wortlos und deutete mit dem Arm auf das Ufer. «Du hast es noch nicht geschafft.»
Irgendwie, so schien es ihm, blickte Halvard enttäuscht, als sie wieder losfuhren.

Sie erreichten das Ufer und drehten südlich ab zum Gåsodden, zur «Gänsespitze». Immer der Uferlinie entlang, zwischen den Eisblöcken durch, das würde dem Jungen etwas abverlangen. Endlich lenkte Hagen landeinwärts und jagte mit Volldampf in den Tiefschnee hinein, den der Wind am Übergang zwischen Packeis und Festland aufgehäuft hatte. - Es war die tiefste Stelle gewesen, die er auf der Herfahrt gesehen hatte. Mit einigen kurzen Gasstößen manövrierte er die Maschine auf festen Grund. Die Stahlski schepperten hart über Felsblöcke. Dann schaltete er den Motor ab und wartete.

Von ferne kam Halvard heran, er hatte es nicht geschafft, die vorgeschriebene Distanz zu halten. Er zögerte einen Augenblick, unsicher, dann fuhr er mit halber Kraft in den Tiefschnee hinein. - Erst als er bis zur Brust im Schnee stand und seine Maschine kippte und ihn unter sich zu begraben drohte, griff Hagen ein.
«Du hast den Abstand nicht gehalten», sagte er zu dem nach Luft ringenden Jungen.
«Ja, Paps.»
Verbissen wollte Halvard wieder auf seine Maschine springen. Als Hagen ihn bohrend anblickte, hielt er ein.
«Hast du die Eisbärenspuren bemerkt?»
«Nein, Paps. Wo waren welche?»
«Wir sind drüber gefahren.»
«Meinst du, er frisst jetzt unsere Robbe?»
«Nein, er ging nördlich - nicht westlich.»

«Mann, vielleicht überlegt er sich's noch?»

Einen Atemzug lang war Hagen dem kleinen Kerl nahe. Und für einen Atemzug lang nahm er Halvard als Kind wahr. - Als Kind, und nicht als ein Wesen, an dem er alles gutzumachen hatte, weil er angeblich einmal etwas falsch gemacht hatte. - Etwas, was sich ihm nie erschlossen hatte.

Mangelnde Sensibilität. - Unerwartet erschien ihm wieder das Bild, wie Solveig den Finger aus ihrer Scham zog und ihn grinsend ableckte. Sie hätte ihn ihm auch ins Auge rammen können. Hagen verscheuchte eine aufsteigende Empfindung von was auch immer.
«Bevor du morgen in die Schule gehst, musst du dir die Nägel bürsten. Du hast lauter Blut darunter.»
Halvard nickte. Er sah müde aus.
Hagen griff in eine Satteltasche und brachte ein Stück Schokolade hervor. Der Fahrtwind hatte sie hart gemacht wie einen Dachziegel. Mit den Zähnen brach er ein Stück ab und reichte es Halvard. Dessen Augen leuchteten für einen Augenblick.
«Thanks, Paps.»
Hagen nickte.
«Wenn wir jetzt gleich die Landzunge entlangfahren, müssen wir achtgeben, dass wir nicht zuviel Fels unter die Raupe kriegen. Die Raupenstege können dabei leer durchdrehen und anschmelzen. Notfalls fahren wir wieder zurück aufs Eis.»
«Warum sind wir dann erst hier hoch?»
«Da unten ...», er nickte nach Süden und reichte Halvard noch ein Stück Schokolade, «... da stellen sich oft Schollen auf. Kaum zu fahren.»

Hagen verstaute die restliche halbe Tafel in der Satteltasche und drehte wortlos den Zündschlüssel. - Halvards Maschine

war schwächer und hatte keinen Elektrostarter. Er musste sie mit einem Seilzug starten, was ziemlich anstrengend war.
Drei Stunden noch, dachte Hagen. Drei Stunden - dann hat er sich weiß Gott nicht schlecht gehalten.

Innerhalb der letzten halben Stunde hatte die Sonne ihre Nachtröte angelegt. Mit dem arktischen Frühling und der Mitternachtssonne waren die Vögel zurückgekommen, von denen Hunderte in der Luft kreisten, während sie zu Tausenden schon in den Vogelfelsen saßen und ihr Nest gegen Fremde verteidigten. - Fremde waren immer da, dachte Hagen sich. Manchmal zerstob einem das Nest unter dem Arsch. Über das Eis legte sich ein rötlicher Schleier. Die Schmelzwasserlachen, von denen die Tagessonne nun immer mehr auf die Eisfläche zauberte, spiegelten traurig die Nachtsonne wieder, die sich auf ihrem Nordkurs dem Horizont zu bewegte, ohne dort anzukommen. Innerhalb eines einzigen Tages hatte der ganze Fjord sich mit einem wässrigen Kleid aus Schmelzwasserlachen bedeckt. Und in allen spiegelte sich nun der rote Sonnenball und leuchtete hundertfach in den Nachthimmel zurück. - Das Nachtrot ließ die Sonne immer grüblerisch aussehen, fand Hagen. Hagen grübelte mit, und hundert grübelnde Sonnen erglühten vor ihm auf dem Fjord.

Der Tempelfjord hatte noch festeres Eis, aber auch dort würden sie schon auf die knöcheltiefen Lachen treffen. Wenn das Eis erst mal so weit war, dann sah es unfreundlich aus, ja manchmal richtig feindselig. Dennoch war es sicheres Eis. Seine Verletzungen waren nur oberflächlich. Hagens Verletzungen lagen tiefer, und sie schwärten umso mehr, als er ihre Ursache niemals verstanden hatte. Halvard, der sollte härter werden - auch wenn dies noch einiges an Arbeit bedeutete.

«Los!», befahl Hagen mit einer herrischen Geste, «zum Tempelfjord.»
Mit einem Blick, der seine Müdigkeit nicht verschleiern konnte, heftete Halvard sich hinter ihn. Eine knappe Stunde fuhren sie über schlechtes Terrain. Zwischen Felsblöcken hindurch, über Platten von spiegelglattem Schmelzeis, auf dem man nicht bremsen durfte, ohne ins Schleudern zu geraten, vorbei an metertiefen Steilabbrüchen. Dann, zwischen zwei Erhebungen eingebettet wie ein gerahmtes Bild, leuchtete ihnen das Weiß des Sassenfjords entgegen.

Hagen hielt an und schaute vom Land herab auf die Bay. Wie stets, wenn man in die Nähe des Tempelfjordes kam, strahlten Licht und Farben der Landschaft gespenstischer als anderswo. Der Sassenfjord, der sich zehn Kilometer südöstlich von ihnen verengte und zum Tempelfjord wurde, war von dessen opernhafter Szenerie bereits mit geprägt. Während vom Südosten her dräuende Farbwellen von violettem Grau aus der Bay herausfluteten und auf der Eisdecke des Sassenfjordes langsam zu verrinnen schienen, dehnte der Sassen sich nach Westen hin in kaltem, spiegelndem Weiß, das fjordauswärts dunkler und dunkler wurde, bis es in das herrische Stahlgrau des offenen Wassers überging.

Wenn die Eisdecke auf einem Fjord eine dicke Schneedecke trug, war sie sicher. - Meereis fror nicht wie Süßwassereis von oben nach unten. Auf eine erste dünne Eishaut legte sich Schnee, der Wasser zog und selbst gefror. Darüber legte sich weiterer Schnee, der abermals gefror. - Und so wurde im Laufe des Winters das Eis immer mächtiger und sicherer. Dicke Schneedecken und hohe Schneeverwehungen auf den Fjorden waren ein gutes Zeichen: Das Eis war alt, und wenn es stark genug war, den Schnee zu tragen, dann war es auch stark genug, zwei Männer mit ihren Maschinen zu tragen.

Das Eis des Sassen aber war glatt und an der Oberfläche gerif- felt. Es sah aus wie ein frisch verlegter Boden, auf dem noch die Späne lagen, und Hagen wusste, dass man ihm nicht trauen konnte. Auch der Anblick einer Robbe, die weit draußen neben ihrem Wasserloch lag und bei seiner Annäherung argwöhnisch den Kopf hob, konnte ihn nicht beruhigen. Wenn Robben ein- brachen, tauchten sie ab und tauchten irgendwo wieder auf. Ihn und Halvard allerdings würde das Wasser sofort nach unten ziehen. Mit ihrer vollgesogenen Kleidung würden sie wie zwei Steine versinken und von der Strömung erfasst werden. Nach dreißig Sekunden wären sie bewegungsunfähig, nach spätes- tens fünf Minuten war alles vorbei - selbst wenn man den Kopf wieder über Wasser brachte.

Hagen blickte zurück auf seinen Sohn, der sich holpernd über eine Strecke mit offenem Gestein arbeitete. «Es ist besser, wenn wir unten das Ufer entlang fahren», sagte er schließlich, als Halvard neben ihm stand. «Aber halt' immer eine hohe Ge- schwindigkeit. Mindestens achtzig bis neunzig Stundenkilome- ter. - - Das Eis ist nicht sehr dick, und wenn du langsam fährst, weißt du nicht, ob es hält.»

In Halvards Gesicht arbeitete es. Unübersehbar, dass der Junge Angst hatte. Hagen beobachtete ihn ausdruckslos und war ge- spannt, ob er ihm jetzt widersprechen würde. Es machte ihm Spaß, den Jungen so hart zu fordern, gestand er sich ein. Es gab ihm das wilde Gefühl, dem Kleinen etwas beizubringen, was er sonst nirgends lernen würde. Und zugleich spürte er die Befriedigung, dem Kind die Verzärtelungen auszutreiben, die Solveig ihm anerzogen hatte. Vielleicht war es auch eine ver- steckte Genugtuung gegenüber Solveig selbst - so viel wie mög- lich von ihrer festländischen Erziehung zu zerstören. Der Klei- ne sollte ein Jäger sein, wild und nicht zu zähmen wie Hagen selbst. Aber er sollte vor allen Dingen unbezähmbar sein für

Solveig. Und wo immer sie mit dem Jungen hinzog, - sei es Oklahoma oder das Ende der Welt - da würde Hagen selbst präsent sein: im ungezügelten Naturell des Waldläufers Halvard, der sie dann ständig an ihn erinnerte. - - Vielleicht würde sie es durchhalten. Vielleicht würde der Neue es eine Zeitlang durchhalten. Aber eines war gewiss: Oklahoma sollte nicht zu Solveigs Lotterbett werden. Plötzlich, unerwartet, stieg eine unglaubliche Wut in Hagen hoch. Der Kleine zuckte zusammen unter seinem Blick.
«Und? Wirst du es schaffen?», fragte Hagen scharf.

«Klar Paps», sagte der Junge ergeben, «fahr bitte nur nicht so weit voraus.»
Ohne Erwiderung jagte Hagen den Abhang hinunter auf das Eis. Die Stahlski der Maschine pfiffen schrill, als er über ein paar scharfkantiger Felsblöcke scharrte, dann tat er einen Satz nach unten - offenbar eine kleine Sprungschanze - und rauschte auf das Eis hinaus, um nach zehn Metern in scharfem Linksbogen fjordeinwärts zu preschen.

Halvard stand nun ganz allein. Er fürchtete sich mehr, als er es Hagen jemals zeigen wollte. Und so sehr er diesen Vater liebte, so sehr begann ihm vor Hagen zu grauen. Er war anders geworden, lebte eine Schärfe aus, die Halvard an ihm nicht kannte. - - Sicher, Hagen war immer ein wortkarger Mann gewesen, von dem ein Kind nicht die zärtliche Zuneigung erwarten konnte, die ihm zustand. Mit der Klugheit eines Kindes hatte Halvard dies schon damals erkannt. Und, unauffälliger Beobachter in Windeln, der er stets gewesen war, hatte er gefühlt, dass seine Mutter sich umso mehr an ihn klammerte, je mehr sie an Hagen litt. Er hatte die Zärtlichkeiten Solveigs umso mehr genossen, je mehr Hagen sie ihm vorenthielt. Aber gerade die verzweifelte Zuneigung Solveigs war es gewesen, die ihn zu einem ernsten kleinen Jungen hatte werden lassen. Halvard war ernst geworden, weil er das Gefühl seines eigenen Wertes niemals erfahren hatte, und weil er die Bestätigung seines Wertes umso mehr von seinem Vater erwartete - und verzweifelt darauf harrte. Als er in die Maschine gestiegen war, die ihn nach Spitzbergen bringen sollte, hatte sein kleines Herz geklopft. Er, der so unbeirrbar nach seinem Vater verlangt und ihm in Gedanken stets die Treue gehalten hatte, er hatte sich bang gesehnt nach einer einzigen, großen, wärmenden Umarmung, die ihm zeigte, dass er endlich wieder zu Hause war. Aber Hagen hatte seine stürmische Freude mit einem knappen Klaps auf den Hinterkopf erwidert, so dass sie ihm abermals im Halse stecken blieb. Dennoch hatte Halvard schon als Kleinkind eine Wahrnehmung für die Einsamkeit seines Vaters entwickelt, der seine Empfindungen hinter einer Fassade von Schroffheit für die anderen unerreichbar machte. Und, kaum dass Hagen wieder vor ihm gestanden war, hatte sich seiner noch auf dem Flugplatz die alte Scheu wieder bemächtigt. Die Scheu, die ihn vor jedem Versuch einer Annäherung an Hagen so seltsam klamm, so seltsam hilflos machte.

Stumm blickte Halvard jetzt nach unten. Es ging steil hinunter, viel zu steil für ihn. Dennoch gab er sich einen Ruck, und als auch seine Stahlskier über die Felsen schrammten, untermalt vom sägenden Jaulen der leer laufenden Transportraupe, da fühlte er sich ein kleines bisschen stolz. Dass er nun über Eishänge jagte, war nicht seine Welt. Aber es war die Welt seines Vaters, und er war entschlossen, sie um seiner Achtung willen zu erobern.

An der Nahtstelle zwischen Ufer und Eisdecke hatte der Wind eine Schneewehe angehäuft. Sie war auf der Fjordseite abgebrochen und hinabgesunken. Vielleicht hatte sich das Eis hier gesenkt, und verschiedene Scooter, die sie passiert hatten, hatten eine kleine Schanze aus ihr gemacht. Halvard stand am Rand der Schanze und blickte einen guten Meter hinunter. Hier war die Stelle, an der Hagen den Satz nach unten getan hatte. Halvard wusste, dass er ihn mit Absicht allein gelassen hatte. - Und, was immer es sein sollte, inzwischen war Halvard manisch darauf fixiert, seinem Vater zu gefallen. Er gab Gas.

Es schien etwas viel Gas gewesen zu sein. Denn die Maschine tat einen Satz ins Nichts und setzte hart auf. Halvard aber, der die Kontrolle verloren hatte, schwebte einen Sturz lang über seinem Sitz in der Luft und schlug mit dem Gesicht in den Windschutz-Schild. Zugleich rutschte er halb von der Maschine, und sein linker Fuß stieß in den Schnee. Immer hatte Hagen ihm befohlen, unter allen Umständen die Füße auf den Rasten zu lassen. «Wenn ein Stein aus dem Gelände guckt, während du fährst, reißt er dir den Fuß ab!» Vor Schreck krampften sich Halvards Finger zusammen und drückten auf den Gashebel. Böse brummend fraß die Maschine sich durch den Schnee, etwas zerrte schmerzhaft an Halvards linkem Fuß, er brüllte laut auf, und dann war es, als fiele eine schwarze Kappe über sein Gesicht. Er spürte Rütteln und Zerren aus allen Richtungen, steckte Schläge ein, knallte mit dem Gesicht auf den Bremsgriff, schrie, schrie, schrie, schlug endlich hart auf das Eis, noch immer halb gezogen, und öffnete die Hände, denen sich der wütend gewordene Scooter unverzüglich entriss.

Die schwarze Kappe fiel von seinen Augen. Halvard nahm endlich wahr, dass er auf dem dünnen Eis des Sassenfjordes lag. Sein Mund schmerzte. Im Schnee war frisches Blut, es musste von ihm stammen. Halvard schlotterte am ganzen Körper. Seine Knie schmerzten. Sein linker Fuß schmerzte. - Als der Scooter den Satz nach vorne getan hatte, war er damit durch den harten Schnee gepflügt. Halvard spuckte benommen auf das Eis, es war Blut in seinem Speichel. - Durch seinen unfreiwilligen Biss in das Armaturenbrett hatte er sich Oberlippe und Zahnfleisch aufgeschlagen. Oder sich in die Zunge gebissen. - Es tat einfach nur weh. Scheu wie ein ertappter Übeltäter blickte der Junge auf. Sein Scooter stand, gemächlich vor sich hin tuckernd - weiter draußen auf dem Eis. Halvard wischte sich das Blut vom Mund und stand mit zitternden Gliedern auf. Im Osten sah er Hagen fahren. - Gottseidank hatte der von der Katastrophe nichts mitbekommen!

Durch die Wucht seines Gasstoßes hatte Halvards Maschine so viel Fahrt bekommen, dass sie über fünfzig Meter alleine weitergefahren war. Nun blubberte sie, seltsam friedlich und seltsam gefährlich, im Leerlauf dahin, keine zehn Meter von einer offenen Wasserrinne entfernt. Die obere Hälfte des Windschutzschildes hing lose herab. - Durch den Aufschlag von Halvards Gesicht war er eingerissen. Mist!, dachte Halvard. Also merkte Hagen es auf jeden Fall. Traurig schlich er zu seiner Maschine.

Doch mit jedem Schritt wurde er langsamer. Je näher er an die Rinne kam, desto mehr wuchs seine Angst. Die Rinne leuchtete stahlgrau wie der Lauf von Hagens Revolver. Die Treibeisschollen, die darin dicht an dicht schwammen, spähten unter dem bewölkten Abendhimmel träge, schmutzig und unfreundlich hervor - eine feindselige Ansammlung, die auf ein fremdes Kind starrte. In Halvard kämpfte die Angst vor dem Wasser mit der Angst vor der Missbilligung durch seinen Vater.

«Vollgas! Vollgas!», hatte Hagen ihm schon früher eingebläut, «solltest du jemals zu nahe an das offene Wasser kommen: Vollgas, Vollgas! - Das ist deine einzige Chance. Solange deine Maschine in Bewegung ist, solange bricht sie nicht ein. - Hoffentlich.»
Halvard zitterte.

Am Rand des Wassers hatten verschiedene Treibeisblöcke sich übereinander geschoben und blickten nun mit angehobenen Köpfen auf Halvard. Strömung oder Wind bewegten sie hin und her, so dass sie beunruhigend lebendig wirkten, eine nervös gewordene Tierherde vielleicht - noch unschlüssig, ob sie im Wasser bleiben oder an Land kriechen sollte, um den kleinen Jungen aufzufressen. Halvard blieb angstvoll stehen.
«Vollgas, Vollgas!», ging es durch seinen Kopf. Wenn er stehen blieb, konnte er einbrechen. Plötzlich war er wieder Kind, nur noch Kind, drehte sich blitzartig um und rannte keuchend davon, dem Ufer zu. Er blieb stehen. Draußen stand seine Maschine, der Motor tuckernd, als sei nichts geschehen. Halvard sorgte sich. Die Auspuffhitze mochte das Eis aufweichen, wenn es zu dünn war. - Er musste hin, bevor der Scooter absoff. Aber immer noch stand er und kämpfte mit sich. Dann rannte er los. Ohne Pause rannte er über das Eis, sah wie die Treibeisschollen immer näher kamen, aufgeregt miteinander schwatzend.
«Lasst mich in Ruhe!», schrie er flehend, «lasst mich in Ruhe! Ich bin doch erst zwölf.»
«Wir fressen alles», sagten die Schollen, «aber wir entscheiden selbst.»
Und wie zum Zeichen uneingeschränkter Entscheidungsfreiheit löste einer der Blöcke sich aus dem Pulk, stieß Schaum aufwirbelnd gegen seine Kumpane und wanderte immer schneller fjordeinwärts, hinaus zum Tempelfjord. Eine unsichtbare Strömung schien ihn ergriffen zu haben, denn er bewegte sich leicht und schwerelos von Halvard fort. Geradeso, als habe er sich entschlossen, dem Jungen mit einer Botschaft vorauszueilen.

Halvard indessen rannte, rannte und rannte. Sprang aus dem Lauf auf den Sitzbock und gab Vollgas, hatte alle Mühe den Lenker herumzureißen, tat einen riesenschnellen Satz und krampfte sich in seinen Lenker. Trockener Schnee wirbelte hoch, als der rechte Stahlski einen Schneeblock zerriss, gar nicht mehr weit vom offenen Wasser, dann plötzlich das gleichmäßige Sägen des Scooters, und er war in Sicherheit.

Weiter vorne stand Hagen und wartete. Offenbar hatte er von der kleinen Tragödie nichts mitbekommen.
«Wo bleibst du?», fragte er schroff. Bewusst übersah er die eingerissene Windschutzscheibe, die die wie ein Trauerflor von Halvards Scooter baumelte.
Halvard sah ihn an und sagte nichts. Er verschluckte alles, was er hinausschreien wollte.
Hagen setzte sich in Bewegung, als sei nichts geschehen, und Halvard wurde kräftig durchgerüttelt, aber er ließ den Abstand nie mehr größer werden als hundert Meter.
Der Bursche ist zu verträumt, dachte Hagen sich.

***

Der Tempelfjord, auf dessen Eis sie nun standen, war die düster-dräuende Schönheit, zu der es Hagen immer wieder zog. Es hatte Zeiten gegeben, in denen die Leere seines Hauses ihm auf den Kopf geschlagen war. Überall in der Bude hatte es gestunken: nach alten Socken, ungewaschener Unterwäsche, den Innereien von Schneehühnern, ungegerbten Robbenfellen, verschüttetem Diesel, angetrocknetem Bier, bisweilen nach Erbrochenem, nach schimmelndem Müll und ungespültem Geschirr - kurz: nach einem Mann am Boden.

Anstatt Ordnung zu schaffen war Hagen damals der Unordnung in sich selbst und um sich herum entflohen. Die fünfundsiebzig Kilometer zum Tempelfjord schaffte ein Fahrer wie er in einer knappen Stunde. Der «Tempel» mit seinem langgezogenen Fjell, dessen regelmäßig angeordnete Steinsäulen an das babylonische Wunderwerk erinnerten - mit seiner gefährlichen Schweigsamkeit und stets mit einigen vors Gesicht gezogenen Wolkenfetzen - er wurde ihm Zufluchtstätte für die Exerzitien seines Schmerzes. Schon von weitem, wenn er, von Süden kommend, das De-Geer-Tal passierte, leuchtete ihm ein Ausschnitt des langen Massives durch eine Lücke zwischen zwei weißverschneiten Riesen entgegen. Dann beschleunigte er und jagte draufgängerisch hinab auf das Eis.

Zwischen den furchteinflößenden Felstürmen wurde er kleiner und behielt dennoch sein Gefühl überlegener Selbstbehauptung: So sehr diese Natur in ihrer Übermacht ihn auch bedrohte - er war ihr bisher immer Herr geworden. Also fräste er seinen Weg über das schorfige Eis mit seinen vom Wind gepressten Verwehungen, vorbei an Vindodden, der «Windspitze», mit ihren verstreuten kleinen Hütten, in denen er manchmal mit Solveig geschlafen hatte. Vorbei an der Fredheim-Hütte, wo der Jäger Hilmar Nois einst siebenunddreißig arktische Überwinterungen hinter sich gebracht hatte - seine erste Frau wurde dabei wahnsinnig. Vorbei an Kap Schoultz, der längst verlassenen alten Gipsmine, von der nur noch das verfallende Generatorhäuschen aus Beton geblieben war und die Masten der alten Seilbahn, unter der schlaff die angerosteten Seile und die Gipsbrocken herumlagen - weiß glänzend und gesprenkelt wie Marmor. Wenn er den Von-Post-Gletscher in Sicht bekam, wurde seine Seele ruhiger. Grün schillernd wuchs die zerklüftete Eiswand vor ihm in den Himmel, dreißig bis vierzig Meter hoch, eine Riesenblüte seiner eigenen Wehrlosigkeit vor allem, was er nicht verstand, zur Linken flankiert von dem nicht minder gewaltigen Tuna-Gletscher, der den Felsgrund unter sich immer noch wütend glattschliff. Die lautlose Sprache des Eises gehörte zu den wenigen Worten, die Hagens Seele zu erreichen vermochten.

Nun lagen die beiden Gletscher, die sich am Rande der Bay so eng aneinanderpreßten, dass ihre Leiber knirschend ineinander verschmolzen, in Hagens Rücken. Er blickte unverwandt auf den Jungen. Der Bursche hatte die Maschine nicht beherrscht und sich den Mund aufgeschlagen. Der ganze Windschild war zerfetzt. Hagen überlegte noch, ob er seinen Sohn trösten sollte oder ob eine kleine Strafe mehr bewirken würde.
«Wir sind bald zu Hause», sagte er schließlich nicht unfreundlich. «Dann kannst du dir den Mund abwaschen.»
Halvard blickte ihn dankbar an. Offenbar hatte er Schlimmeres befürchtet.
«Sorry, Paps», sagte er eingeschüchtert.
«Schon gut. Kann passieren. - Aber pass‘ jetzt etwas mehr auf!»
«Ich hab‘ aufgepasst, Paps.»
«Der Arktis kannst du niemals trauen.»
«Ich weiß, Paps.»
«Aber du kannst sie beherrschen. Wenn du entschlossen genug bist.»
«Ich weiß, Paps. Tut mir leid, dass es nicht so gut geklappt hat.»
«Du kannst immer in Schwierigkeiten kommen. Dann musst du im richtigen Moment das Richtige tun.»
Der Junge verstand, dass Hagens Worte nicht tadelnd gemeint waren, und sie taten ihm gut.
«Bist du klar zum Weiterfahren?»
«Paps?»
«Mhm.»
«Könnt‘ ich noch etwas Schokolade haben?»
Hagen zögerte einen Augenblick, dann griff er in seine Tasche.
«Hier, aber verletz‘ dich nicht noch mehr am Mund.»
Behutsam schob Halvard das restliche Stück zwischen seine Zähne und kaute so vorsichtig wie möglich mit den Backenzähnen. Er hatte großen Hunger und sein Magen schmerzte.

«Weißt du, Paps», sagte er.

«Mhm?» Die ergebene Hilflosigkeit seines Sohnes schien Hagen milde zu stimmen. Über dem Sassen, weit draußen, verdunkelten die Wolken sich zum Schwarzgrau. Wahrscheinlich schneite es dort, und man konnte die Hand nicht mehr vor Augen sehen. Mit seinem untrüglichen Instinkt hatte Hagen rechtzeitig die Rückfahrt angetreten. Arktis war beherrschbar. Aber es war die Herrschaft über eine schöne Schlampe: Man konnte bei ihr liegen und sich verzaubern lassen, doch immer musste man sie wach beobachten - um vorherzusehen, wie sie sich als Nächstes verhalten würde.

«Weißt du», sagte Halvard, «das eigentlich Schlimme ist die Angst, die man immer wieder hat. Sie packt einen einfach, und man weiß gar nicht warum, aber man kann überhaupt nichts dagegen machen.»
«Man kann», sagte Hagen, «die Angst kommt nur, solange man nicht in ihr zu Hause ist. Wenn man sie erst einmal in- und auswendig kennt, ist sie wie jede andere Frau.»
«Frau?», sagte Halvard erstaunt.
«Frau», sagte Hagen ohne Erläuterung. «Aber du hast auf dem Festland nichts gelernt. Du bist verweichlicht. Bücher helfen einem nicht im Leben.»
«Warum nicht?»
«Weil sie dir nicht sagen, was du zu tun hast, wenn der Moment da ist. Wenn es hart auf hart geht, dann hast du kein Buch zur Hand. Du musst dein eigener Mann sein, wenn du dir helfen können willst, verstehst du?»
«Meinst du», zögerte das Kind.
«Sieh mich an», sagte Hagen angriffslustig, «ich habe seit mehr als zehn Jahren kein Buch gelesen. Und? Habe ich deshalb weniger gelernt?»
Da war er wieder, dieser seltsame Hass auf das Bücherwissen. Einmal hatte Halvard sich mit Solveig darüber unterhalten.

«Er ist ein Mann, der das Wissen verachtet», hatte sie geseufzt, «wenn du etwas weißt, was er nicht weiß, bist du sein Feind. Und da er niemals liest, gibt es Vieles, was ich mehr wusste als er. Vielleicht ging es deshalb so schief mit uns. Ich hätte vielleicht nicht mehr lesen sollen. Aber was willst du sonst tun da oben, außer lesen und Tiere töten? Jedenfalls wurde ich umso mehr für ihn zur Gegnerin, je mehr ich aus reinem Zeitvertreib gelernt hatte.» - Er hatte sich angewöhnt, sie sich roh zu unterwerfen, aber das erzählte sie dem Kind nicht.

«Vielleicht bist du einfach traurig», wandte Halvard vorsichtig ein, «weil du nie richtig was lernen konntest.»
«Ich?»
Die Frage blieb einsam auf dem Fjord stehen, dunkel und drohend wie der Tempelfjell. Halvard wusste, dass es besser war nicht weiterzufragen.
«Wie lauten die drei arktischen Grundgesetze?», fragte Hagen scharf.
Der Junge zuckte zusammen. «Erstens: Die Arktis will dich immer umbringen», memorierte er. «Zweitens: Wenn die Arktis dich angreift, dann tut sie das immer blitzartig.»
Er holte Luft. Hagen musterte ihn wie einen Delinquenten vor der Exekution. «Und drittens: Immer von hinten. - Wenn ... wenn sie angreift, dann immer von hinten.»
Hagen schwieg.

Das Schweigen zog sich in die Länge, breitete sich nach und nach über den ganzen Tempelfjord und über den Sassen vor ihnen, dessen Wasserkante sich sechs-siebenhundert Meter entfernt kräuselte. Die vereinzelten Scooterfahrer, die sie auf dem Hinweg getroffen hatten, waren verschwunden. Die sechs Rentiere, die vor dem Lärm ihrer Maschinen über das Eis geflüchtet waren, scharrten gewiss schon in der schweigenden Geborgenheit des De-Geer-Tals mit ihren Hufen im Schnee. Die

Alke, Teiste, Trottellummen hatten sich in die Vogelfelsen am Sassen zurückgezogen, und die arktischen Küstenschwalben saßen - soweit sie nicht noch irgendwo durch die Luft pfeilten, weit vom Südpol her kommend - im Kies auf ihren frischen Gelegen, stets wachsam um sich spähend und dabei selber kaum zu sehen. Die Schneehühner in ihrem weißen Gefieder, das sich wie lange weiße Unterhosen bis zu den Krallen dehnte, pickten irgendwo im Weiß und geckerten hölzern vor sich hin. Die Füchse schnürten den Schnee entlang, unsichtbar dahintänzelnd, nur die kleinen schwarzen Schnauzen bisweilen aus dem Weiß tauchend wie winzige Boote. Irgendwo fraß wahrscheinlich eine Möwe gerade an einem neugeborenen Robbenjungen, dessen Haut weich war wie arktisches Moos und willig unter den Schnabelhieben zerriss. Und irgendwo verhungerte jetzt gerade ein Eisbär, noch keine zwei Jahre alt, von der Bärin nach den alten Gesetzen der Natur verstoßen, um für sich selbst zu sorgen, und noch immer zu unerfahren, um Robben zu beschleichen und sich vom Fett ihrer Hirne zu nähren. Und während Hunderttausende gefiederter Leiber in der gefräßigen Hektik ihrer Felsenstille vibrierten, während die kleine Robbe schon Minuten nach ihrer Geburt vom Leben in den Tod gehackt wurde; während knochige weiße Tatzen sich erlahmend um einen aufstöhnenden weißen Leib schlossen, einen gequälten Schrei hervorpressend, bis ein Maul sich öffnete, Speichel triefend, während das arktische Mahlwerk das Leben der Schwachen und Hilflosen unaufhörlich in sich hineinsaugte - - - während all dem breitete sich ein gefährlicher Frieden über Hagen und Halvard und streifte sie - unmerklich, schwingengleich, feine Nebelfetzen, die sich lautlos abwärts senkten und durchsichtig blieben. Vom Sassen kommend, pfeilte eine weiße Scholle ihren Weg den Fjord hinein, um die eigene Achse rotierend, und am Rande begannen die anderen Schollen sich zu wiegen unter ihren Wellen und huben an, aufgeregt zu tuscheln.

Draußen auf dem Eis hob eine Sattelrobbe schläfrig den Kopf, die Barthaare fein erzitternd.

«Sieh mal Paps, eine Sattelrobbe», sagte Halvard, dem die dunkle Bewegung auf dem Tempelfjord nicht entgangen war.
In Hagens Blut schoss unverzüglich die Wildheit des arktischen Jägers.
«Wir holen sie», sagte er.
«Ich bin so müde Paps», protestierte Halvard leise.
Hagen winkte ihm zu schweigen. Vorsichtig ergriff er seine Büchse, löste den Kammerstengel, und mit einem kalten Rick-Rack katapultierte er eine Patrone aus dem Magazin in die Kammer. Dann, mit langsamen Bewegungen, schlich er um seine Maschine, um in Schussposition zu gelangen. Die Robbe, von dem Metallgeräusch aufmerksam geworden, bewegte zum zweiten Mal den Kopf.
Hagen stützte das Gewehr auf den Scootersitz und legte an. Wie eine Statue blickte das Tier in seine Richtung. Als der Schuss brach, warf es seinen Kopf nach hinten und fiel zur Seite. Der Schuss selbst wanderte die Felsen hoch, raste hinweg über hunderttausend Schlafende, die unverzüglich gegen das peitschende Sterben anschnatterten, rollte gletscherwärts den Fels entlang, pfiff über das Eis, und, vielmals von den Felstürmen gebrochen, walzte er als Klanggebräu wieder den Tempel hinaus, um die beiden Menschen in sich einzuhüllen.
Flink sprang Hagen auf seine Maschine und raste hinüber zu dem Tier, gefolgt von Halvard, der auch jetzt seinem Vater beinahe willenlos folgte.

Es war ein Robbenbulle von mindestens vierhundert Kilogramm, den Hagen erwischt hatte. Aus einem kleinen Loch schräg über seinem rechten Auge quoll Blut, und Blut rann ihm aus dem Maul und tropfte auf das Eis. Gequält stieß er immer noch den Atem von sich. Es klang wie ein scharfer Pfiff. Of-

fenbar hatte der Geschoßschock ihn gelähmt auf das Eis geworfen, und er konnte nicht mehr abtauchen. Erneut atmete er pfeifend aus. Zehn Jahre Sattelrobbenleben pfiffen dem Ausgang zu.
«Er lebt noch, Paps!», rief Halvard aufgeregt.
Ohne Antwort hob Hagen sein Gewehr. Aus fünf Metern Distanz jagte er das zweite Projektil in den Robbenschädel. Schädelfetzen schwirrten durch die Luft, und der Leib des Tieres breitete sich, plötzlich spannungslos, auf die Eisfläche. - Weiter draußen, an der Wasserkante, traf eine einzelne weiße Scholle ein, die sich scheinbar gegen die Strömung bis zum Packeis vorgearbeitet hatte. Lautlos tauchte sie in die faust- bis kindskopfgroßen Stücke aus Eisbrei, die sich vor der festen Eisdecke zusammen geschoben hatten, und sofort erhob sich ein geheimnisvoll klickendes, klackendes Wispern.

«Armer Kerl», sagte Halvard. Er ging auf das Tier zu, um es traurig zu streicheln. Sein Tod erschien ihm sinnlos. Doch als er nähertrat, erstarrte er erschreckt: Das zweite Projektil hatte das Schädeldach abgehoben und die Hälfte des Gehirns über das Eis gejagt. Unbeeindruckt zog Hagen sein Messer aus der Scheide.
«Ich mach' es selber, sonst kommen wir nie nach Haus», brummte er.
«Paps, ich bin so müde», flehte das Kind und ging rückwärts zu seiner Maschine.
«Die Arktis fragt niemals, ob du müde bist.»
«Ja Paps.» Erschöpft sank Halvard auf seinen Scootersitz, während Hagen unerschütterlich daran ging, den noch warmen Körper aus seiner Haut zu schälen.

Ächzend drehte er das schwere Tier auf den Rücken und begann sein Werk mit einem langen, geraden Schnitt vom Hals bis zur Schwanzspitze. Dann schnitt er einmal um den Hals herum, wiederholte das Gleiche an der Schwanzflosse und setzte schließlich sorgfältig je einen ovalen Schnitt um die Vorderflossen. Die eigentliche Arbeit aber begann erst jetzt. Mit einem kürzeren Abschärfmesser schnitt Halvard einen knappen Zentimeter tief in die dicke Fettschicht, die sich bei Robben immer unter der Haut befand, während ihr Fleisch mager und völlig fettlos war. Vorsichtig schnitt er nun schräg unter die Felldecke hinein. Es klang wie reißendes Papier, als er sorgsam das erste Stück des kostbaren Robbenfells abzog und die Flossen durch die ovalen Löcher schob.

Auf seiner Maschine sank Halvard immer mehr nach vorne. Seine Lider wurden schwerer und schwerer. Eingehüllt in seine warme Polarkleidung, die Hände geschützt von den dicken Pelzhandschuhen, fiel der Junge ganz vornüber und schlief ein, ohne dass sein Vater es bemerkte. Hagen nämlich arbeitete konzentriert und flink wie ein Handwerker. Er stemmte einen Fuß in das Fett, das von den vielen Schnitten einen roten Überzug bekam und riss erneut ein Stück der Decke lose, dann arbeitete er sich mit kurzen, vorsichtigen Schnitten zentimeterweise weiter. Schließlich langte er auf dem Rücken des Tieres an. Ohne sich umzudrehen hievte er den schlaffen Körper hoch und rollte ihn nach vorne. Die Flossen des riesigen Tieres klatschten leblos auf das Eis. Sie sahen aus wie dunkle Handschuhe, während der blutüberströmte Rumpf unwirklich nackt und geschunden wirkte. Zwei Möwen ließen sich interessiert auf einem Eisblock nieder, den die Bay im Packeis eingeschlossen hatte.

Nach einer Dreiviertelstunde hielt Hagen das frische Fell in der Hand. Es war schwer. Mehrmals zog er es wie eine Decke über das Eis, um es von Blut und Kleinteilen zu befreien. Zu Hause würde er es salzen und vor dem Haus auf einen Rahmen spannen. Eine der Möwen hob lässig den Flügel. - Sie wussten, dass ihnen nichts entgehen würde.

Jetzt hatte Hagen den Robbenleib einmal um sich selbst gedreht. Das tote Tier lag da, die unnatürlich steifen Gesichtszüge Hagen zugewandt, die Barthaare vom Blut eingedunkelt. Um den Kadaver herum war der Schnee tiefrot.
Hagen nahm sein Zielfernrohr, das er zu Beginn des Trips abgenommen hatte, aus einer Seitentasche und hakte es auf dem Gewehr ein. Dann verstaute er die Büchse wieder in der Satteltasche. Er faltete das Fell zusammen und band es auf seinen Anhängerschlitten, als er endlich den schlafenden Halvard bemerkte. Ohne sichtbare Reaktion nahm er seine Beute wieder an sich. Dann baute er sich breitbeinig neben dem schlafenden Kind auf.

«Benimmt sich so ein Jäger?»
Das Fell pfiff durch die Luft und klatschte neben Halvard auf den Schlitten. Halvard zeigte keine Reaktion.
«Benimmt sich so ein Jäger?»
Der Ton wurde schärfer. Das Fell schlug in Halvards Rücken ein. Der Kleine bewegte sich schläfrig.
«Schläft man einfach ein, mitten auf dem Eis?»
Abermals klatschte das blutrote Fell gegen das Kind. Diesmal schlug es von hinten gegen Halvards Schutzhelm.
Von dem erneuten Schlag und der Schärfe der Zurechtweisung erwachte der Junge endgültig aus seinem Tiefschlaf. Ohne zu wissen, wo er sich befand, hob er den Kopf.
«Du bist mir ein schöner Begleiter!», sagte Hagen eisig.
«Paaap!», sagte der Junge und blickte ihn entsetzt an.
«Ist dir eigentlich klar, was du mit deiner gedankenlosen Einschlaferei riskiert hast?»
Erneut pfiff das Fell durch die Luft.

«Paaap!», sagte der Junge in tiefem Schrecken und streckte ihm die Hand entgegen.
«Paaap!», äffte Hagen ihn gereizt nach. «Hast du im Schlaf das Sprechen verlernt?»
Noch immer brachte der Junge kein Wort heraus. Mit eckigen Bewegungen fuhr er in der Luft herum.
«Du riskierst dein Leben, wenn du dich so gehen läßt!» Hagens Stimme wurde stahlhart. «Pennt mitten auf dem Eis einfach ein!»
Der Junge blickte flehentlich auf seinen Vater.
«Paaap!», stieß er endlich krampfhaft hervor. «Paaap, - - ich glaub', wir treiben!»

Hagen setzte eine spöttische Miene auf und blickte lässig über die Schulter zur Küstenlinie.
«Oh du verdammte Scheiße!»
Er wirbelte auf dem Absatz herum.
Auch Halvard war jetzt endgültig wach.
Die Küstenlandschaft war ihnen ohne alle Eile davongewandert, und ohne dass Hagen es in seinem weidmännischen Eifer auch nur bemerkt hätte. Weit draußen auf dem Eis, waren sie in der knappen Stunde ihres jagdlichen Erlebnisses vielleicht zweihundert Meter den Fjord hinaus gedriftet.
Hagen stand mit hängenden Armen und tastete mit seinen Blicken die Eisfläche rundherum ab.
«Oh du verdammte Scheiße», sagte er. «Oh du verdammte, verdammte Scheiße.»
«Was machen wir jetzt, Paps?», fragte Halvard kleinlaut.
«Halt den Mund!», herrschte Hagen ihn an.
Mit überbetonter Gelassenheit schritt er zu seinem Scooter. «Du bewegst dich nicht von der Stelle», befahl er scharf. Er zog den Choke, und die Maschine, längst wieder kalt geworden, hustete verzagt, als sie ansprang. Hagen schob den Chokeschalter zurück, gab mehrmals Gas und jagte schließlich davon.

Sein Sohn beobachtete, wie er weit draußen über das Eis in Richtung des Südufers fegte und dann einen großen Bogen nach links fuhr, in Richtung der weit hinter ihnen liegenden Gletscherfront. Plötzlich bog er erneut scharf nach links, hinüber zum Nordufer, - nur um nach zwei-drei Minuten wieder links ab zu queren und schließlich diagonal über das Eis auf Halvard zuzurasen.

Er stellte die Maschine ab und blieb eine lange Minute reglos sitzen.
«Oh du dreimal verdammte Scheiße!», sagte er endlich.
«Müssen wir sterben, Papi?», fragte der Junge.
Hagen sandte ihm einen unfreundlichen Blick und schwieg lange.

«Das Eis ist hinter uns gebrochen», setzte er schließlich mit gespielter Ruhe an, «die Scholle, auf der wir uns befinden, ist über zehn Quadratkilometer groß. Sie trägt uns leicht. Es besteht also kein Grund, dass du dich sorgst.»
«Und warum schimpfst du dann so?», fragte Halvard ängstlich.
«Sowas ist immer ärgerlich», sagte Hagen.
«Und wie kommen wir wieder herunter?»
«Wir müssen warten.»
«Wie lange denn? Ich bin so müde, Paps.»
«Schlaf du mir bloß nicht wieder ein!»
Es klang, als sei Halvard für die verborgene Strömung verantwortlich, die das Eis geteilt hatte. Irgendwann jedes Frühjahr war es soweit. Die Sonne erwärmte den Fjord, bis er sich dehnte und Risse bekam. Strömung und Wind brachten die Schollen dann hinaus. Diesen Frühling kam es viel zu früh. Und sie saßen darauf.

«Die Scholle muss ganz langsam aus der Bay herausgewandert sein, während wir die Robbe abgehäutet haben.»
Er sagte wir.
«Die Rinne hinter uns ist schon zweihundert Meter breit. Und an beiden Ufern haben wir gute hundert Meter offenes Wasser.»
Er holte schwer Luft.
«Das ist nicht mehr witzig. Überhaupt nicht.»
«Und was machen wir?»
«Wir müssen warten, bis wir an Land getrieben werden. Die Scholle ist groß genug.»

Unversehens öffnete sich die Wolkendecke über ihnen und ein Schwall rotgoldenen Lichts ergoss sich über die aufglänzende Bay. Die Wolken rissen weiter auseinander, dann brach mit aller Macht die arktische Nachtsonne durch. Aus Nordwest, rotglühend, - draußen auf dem offenen Wasser widerspiegelte sich ein zweiter Feuerball scharf umrissen. Drei Sonnen am Himmel, dachte Hagen, der sich in eine Flut von Licht getaucht fand. Die dritte Sonne würde sich auf dem Eis abbilden, dort wo sie jetzt standen - in gleicher Größe und Form wie die beiden anderen. Vom Festland her musste das eine arktische Farbenorgie sein: Drei übereinanderstehende, gleich große rote Feuerbälle, fast zum Greifen nahe. - Eines der arktischen Phänomene, die immer dann auftauchten, wenn man sie nicht erwartete. Manche Leute lebten schon zehn Jahre auf Spitzbergen und hatten das noch nie gesehen.

«Und jetzt?», fragte Halvard bange.
Hagen griff wortlos in die linke Brusttasche und brachte ein grimmiges Lächeln zustande. Wie stets auf seinen Trips, führte er Signalraketen mit sich. Er nahm eine der Patronen aus dem kleinen Kunststoffbeutel, entfernte die Plastikkappe über dem Zünder und schraubte sie in den rotglänzenden Abschussstift, der nicht einmal so lang war wie ein Kugelschreiber. Mit einer

leichten Linksdrehung der Griffmulden entsicherte er und hielt die Einheit mit gestreckten Armen über seinen Kopf. Als er mit dem Daumenballen den Auslöser nach innen schob, gab es einen Knall. Die Rakete zischte weiß in den Abendhimmel und entfaltete sich zu einer rot leuchtenden Signalkugel, die lautlos weiter nach oben stieg, einen Bogen machte, schließlich langsam und schweigend abwärts sank, um irgendwo über der See zu erlöschen. Er feuerte eine zweite hinterher, dann eine dritte.

«Wir haben fünfzehn Raketen dabei», sagte er.
Wieder sagte er wir, bemerkte Halvard, während er sonst auf der strikten Trennung zwischen Ich und Du bestand. - Sie warteten eine halbe Stunde und suchten mit den Augen die Ufer ab, doch nichts tat sich. Hagen feuerte eine vierte Rakete ab, auch diese ohne feststellbaren Erfolg. Nach zwei weiteren Stunden trieben sie bereits im Sassenfjord.

Hagen wunderte sich über die Geschwindigkeit ihres riesigen Eisflosses. Normalerweise waren Schollen dieser Größe langsam. Die kleinen dagegen, die oft nicht größer waren als die Platte eines Esstisches, bezeichnete er stets als Guerilleros. Wenn man nachts auf dem Boot unter Deck schlief, zischten sie flink heran und rammten gegen den Bootsrumpf, so dass man im Innern des Polyesterkörpers den Eindruck hatte, in einer Basstrommel zu sitzen. Es war ein Radau, der einem Angst machen konnte - wie ein Partisanenüberfall. Bis man aus dem Schlafsack heraus und an Deck war, waren sie längst weiter. Manchmal hatten sie Scharten in den Bootslack geschlagen, und man behielt das mulmige Gefühl, dass ihnen nie zu trauen war. Dass sie etwas von einem wollten und irgendwann wiederkommen würden. - Diese Scholle aber war so groß, dass ein ganzes Dorf darauf Platz hatte. Und dennoch schien sie wie auf einer schiefen Ebene mit anwachsender Geschwindigkeit abwärts zu gleiten.

Hagen blickte auf den schlafenden Halvard. In einem Anflug väterlicher Milde hatte er von Halvards Anhängerschlitten den Plastiksack mit dessen Reservekleidung genommen. So einen Sack führte man stets mit sich, um eine trockene Garnitur zu haben, falls man ins Eis einbrach. Er hatte die Teile über den Schlitten gebreitet und sie mit einer der beiden Survivaldecken abgedeckt, die er immer in der Satteltasche seiner Maschine aufbewahrte. Es waren sehr dünne, reißfeste Kunststofffolien mit Aluminiumbeschichtung, die über neunzig Prozent der Körperwärme reflektierten. Er packte seinen Sohn in die erste Decke und legte die zweite darüber. Die angstgeweiteten Augen des Jungen entgingen ihm nicht.
«Muss ich jetzt sterben, Papi?»
«Hör' endlich auf mit dem Quatsch!»
«Weckst du mich, wenn ich sterben muss?»
Er hatte wortlos die Folie um den Kopf des Jungen geschlagen. Trotz seiner Angst schlief Halvard augenblicklich ein und atmete tief und friedlich.
Hagen hoffte, er habe nicht die Angst in seinen eigenen Augen gesehen. Er nahm sich einen Schal aus seinem eigenen Reservesack, drückte gewohnheitsmäßig die Klebestreifen wieder fest, mit denen er ihn verschlossen hatte, und warf ihn achtlos auf seinen Anhänger.

Ihm selbst war nicht nach Schlafen zumute. Er setzte sich rittlings auf seine Maschine und stützte das Kinn auf die Fäuste. Seine Knöchel fühlten den dicken Innenpelz seiner Fellhandschuhe. Seine Zehenspitzen begannen klamm zu werden. - Jetzt waren sie über zehn Stunden unterwegs. Das Schwitzwasser sammelte sich in den Innenstiefeln aus Filz und kühlte ab. Die Außenstiefel waren aus Gummi und ließen die Feuchtigkeit nicht nach draußen. - Es war immer so: Je länger man die Füße in den Stiefeln hatte, desto kälter wurden sie. Jetzt wurden sie richtig kalt.

Hagen rieb sich das ovale Gesichtsfeld, das seine Maske freiließ. Der große Jäger war verwirrt. Noch während er dem Jungen seine Überlegenheit über die Wildnis demonstriert hatte, hatte sein weißes Mädchen ihn in den Rücken gestochen. Nachdem sein erster Ärger sich gelegt hatte, gestand er sich ein, dass es keinen Sinn hatte, Halvard wegen seiner Schläfrigkeit Vorwürfe zu machen. Das hier war schief gelaufen, weil er sich selbst vergessen hatte. Hagen beschlich ein unangenehmes Käfiggefühl. Ruckartig erhob er sich und wanderte südwärts über das Eis. - Ein normaler Marsch scheinbar, wie er ihn oft getan hatte, zumeist wenn er sich einem erlegten Tier näherte. Nur dieses Mal mit dem kleinen Unterschied, dass das Tier schon abgehäutet war, und dass eine Minute nach dem Tier das Eis zu Ende war.

Sinnend stand Hagen bald am Rand der Scholle. Das Wasser hatte angefangen, sie von den Rändern her anzufressen. Besorgt blickte er auf das Gespann mit dem Jungen zurück, der immer noch in tiefem, warmem Schlaf lag. Vor ihm gluckerte leise der Fjord, wenn die kleinen Wellen an die Eiskante platschten. Zuviel Wasser, fand Hagen, auch wenn sich ein Ring von kleinen Eisstückchen und Pfannkucheneis um die große Scholle gelegt hatte. Zwei der arktischen Sonnen waren nun verschwunden, und nur die echte leuchtete rot und unglücklich aus dem Norden herab. Das Treibeis hatte die Größe von Tischplatten. Oder von Kinderzimmern. Oder von Wohnzimmern. Hagen löste sein Zielfernrohr aus der Einhakvorrichtung seiner Büchse und versuchte zu erkunden, wie weit das Treibeis reichte. - Vielleicht konnte er den Jungen hinter sich auf den Scooter setzen, in einem großen Bogen die Geschwindigkeit bis auf hundertsechzig Stundenkilometer steigern und dann über die Scholle hinaus auf das Treibeis jagen. Einer aus dem Dorf, Grindhaug, war auf diese Weise einmal quer über die schwankenden Schollen bis auf zehn Meter ans Ufer herangekommen und den Rest durch brusthohes Wasser an Land gewatet. Er hatte es sogar noch geschafft, seinen Scooter zu retten, indem er ein am Heck befestigtes Seil bis aufs Land zog. Dort schlug er eine Axt ins Ufereis und band die Maschine am Axtstiel fest. - Der Gedanke gefiel Hagen, denn er besaß etwas Tollkühnes, und draufgängerische Aktionen hatten für ihn immer ihren eigenen Charme. Aber Grindhaug war alleine auf seinem Scooter gesessen. Halvard hingegen würde Angst kriegen und die Nerven verlieren. Möglicherweise sprang er vorzeitig ab und war dann verloren. Außerdem - und das war der Unterschied zu Grindhaugs Aktion, wie er sich grimmig eingestehen musste - außerdem waren es vom Ende des Treibeises bis zum Ufer inzwischen mehr als dreihundert Meter. So weit würde er nicht einmal mit Schallgeschwindigkeit kommen. - Beide würden sie mit Karacho ins offene Wasser hinein rauschen. Schocklähmung. Abgang. Den Plan konnte man vergessen.

Mit wachsender Beklommenheit beobachtete Hagen, dass die kleinen Wellen zu seinen Füßen lauter kleine Stücke aus dem Eis bissen. Wie ein Haufen gefräßiger Nager wieselten sie überall um ihn herum. An der ganzen Scholle krümelten sie die Kanten ab. Mundvoll für Mundvoll. Irgendwann würden sie in seine Stiefelspitzen beißen. Er begann, die Eiskante entlang zu wandern, auf der Suche nach einer Möglichkeit, der Scholle zu entkommen. Es war eine Wanderung am Rande seiner Existenz, und er wusste es genau. Fuß vor Fuß setzend, erkannte er, dass die Ausmaße der Wildnis so viel riesiger waren, als es von einem benzingetriebenen Schlitten aus den Anschein hatte. - Überrascht fühlte Hagen, dass ihm weinerlich zumute war. Ihn beschlich das seltsame Gefühl, sein kaltes weißes Mädchen, dem er so oft die Sporen gegeben hatte, habe sich von ihm losgesagt. Er spürte, dass sich etwas in Gang gesetzt hatte, auch wenn er es noch nicht genau zu erfassen vermochte. Unruhig blickte Hagen umher. Etwas nicht Tastbares legte sich wie kalter Dampf über ihn. - Konnte es sein, dass sie ihn haben wollte? Ausgerechnet jetzt?

Eine weitere Stunde verging, in der nichts passierte. Der Junge schlief und schlief, und Hagen, der alle Zeichen von Schwäche verachtete, war mehrmals versucht, ihn aufzuwecken. Dies aber hätte bedeutet, den Fragen des Kindes nicht länger ausweichen zu können. Hagen hasste es, die eigene Hilflosigkeit zu offenbaren, und so unterließ er es. Zwei Trottellummen näherten sich wippend dem Schollenrand und hüpften hinauf. Weit weg von ihm und so unbeschwert, als wüssten sie genau, dass dem Jäger jetzt nicht nach Jagen war, watschelten sie über das Eis, gekleidet wie zwei livrierte Butler.

***

Wenn der Junge Solveig hinterher von der Geschichte erzählte, würde es am Telefon eine dieser endlosen Diskussionen geben, die Hagen schon zu Zeiten seiner Ehe gehasst hatte. Solange sie miteinander - man konnte auch sagen: nebeneinander, bisweilen gegeneinander - gelebt hatten, hatte es zwischen ihnen diese Auseinandersetzungen gegeben: Der ewige Streit zwischen Kraft und Wissen, zwischen Wildheit und Kultur, zwischen Waffe und Buch. Das Buch blieb das Überlegene, aber die Waffe tötete. Wenn Hagen von der intellektuellen Schärfe seiner Gattin wieder einmal genug hatte, fuhr er hinaus und erschoss ein Tier. Der Junge war ihm darüber umso fremder geworden, je mehr er seine Erwartungen enttäuscht hatte, dass auch er sich eines Tages in der einfachen Welt des Nachstellens, Stellens und Tötens bewegen würde. Hagen hatte nie begriffen, warum Solveig manchmal weinte, wenn er nach der Rückkehr seine Beute auf die Arbeitsplatte ihrer Küche warf. Ihm war nicht entgangen, dass der Junge sich vor seiner angeblichen «Rohheit» zu seiner Mutter flüchtete, obwohl er hinterher umso intensiver Hagens Nähe suchte. Ein Jäger allerdings war der Kleine nie geworden, und in Hagen hatte sich der Groll darüber tief hineingefressen, wie Solveig es verhinderte, dass Halvard sich nach seinen Vorstellungen entwickelte.

Sie mussten ganz einfach die Nerven behalten. Die Scholle war groß genug, sie konnten Tage darauf bleiben - - solange sie sich nicht teilte. Nur um überhaupt etwas zu tun, startete Hagen seine Maschine und fuhr los. Er hielt zielstrebig auf den Eisrand zu, und für kurze Zeit schien es, als wollte er den Ausbruch über das Treibeis alleine versuchen. Dann wendete er abrupt im rechten Winkel. Nur vier bis fünf Meter vom offenen Wasser entfernt jagte er über das Eis. Er trieb die Geschwindigkeit so weit hoch, wie die Beschaffenheit des Untergrundes es erlaubte. Je schneller er fuhr, desto sicherer blieb er davor, ins Wasser einzubrechen. Schlimmer noch war ihm die Vorstellung, es könnte sich plötzlich ein Teil der Scholle ablösen, mit ihm darauf. - Halvard würde es nie alleine schaffen, er war zu unbeholfen. In höchster Konzentration umrundete er das schwimmende Areal, stets nach Anzeichen spähend, die ein Brechen des Eisrandes signalisierten. - Das Eis blieb ruhig, aber es blieb auch eine Insel. Sie trieben mitten auf dem Fjord, weit und breit war niemand zu sehen. Die Proviantvorräte reichten noch für einen Tag, und noch war etwas Tee in der Thermosflasche. Notfalls konnten sie zum Trinken Schnee von der Scholle kratzen. - Ohnehin war auch Scholleneis salzfrei. Die Trottellummen reckten sich empört und rissen die Schnäbel auf, als er an ihnen vorbei raste.

Er hatte sie schon hinter sich gelassen, als ihm der Gedanke kam, sie könnten nützlichen Proviant abgeben. Spontan drehte er eine enge Kehre, um zu ihnen zurückzukehren. - Er blickte auf offenes Wasser. Dicht hinter ihm hatte ein Viertel der

Scholle sich lautlos abgelöst und war dabei, in nördlicher Richtung davonzutreiben. Hagen bremste scharf ab. Am neuen Schollenrand sprangen die beiden Vögel soeben ins Wasser und paddelten davon. Von jäher Panik befallen, wirbelte er die Maschine herum, dass die Schneeklumpen von ihr flogen. Die Scholle teilte sich, er musste zurück!

Halvard saß aufrecht auf seinem Scooter, als Hagen ankam. Er sah ihn bleich an.
«Wo sind wir, Papp?»
«Weiter draußen im Sassen. Die Scholle hat sich gerade geteilt. Das ist gut. Das macht sie stabiler.»
Der Junge räkelte sich steif auf seinem Schlitten und schälte sich aus der schützenden Alufolie. Sein Blick ruhte lange und forschend auf seinem Vater. Dann wendete er den Kopf und blickte suchend über das Wasser, wo er die davon treibende kleinere Teilscholle ortete.
«Gut», sagte er endlich.

Um überhaupt etwas zu tun, schoss Hagen eine neue Rakete in die Luft. Nichts geschah. - Selten unter der Woche kam es vor, dass alle Hütten am Vindodden leer waren, während sich über das Wochenende dort immer ein paar Leute fanden. Schweigend hatte der Junge die Raketenspur mit den Augen verfolgt. Jetzt stand er von seiner Maschine auf und ging über das Eis. Hagen zögerte einen Augenblick, dann ging er ihm mit etwas Abstand hinterher. Mitten auf dem Eis blieb der Kleine stehen und blickte starr nach Osten. Dort hinten lag der Von-Post. Von dort waren sie gekommen. Hagen fühlte sich kleinlaut, aber er zeigte es nicht.

Die Sonne war müde geworden vom schweigsamen Schauen. Sie hatte sich aufwärts gearbeitet bis zum Mittag, war anfangs stetig, später immer sanfter abwärts geglitten, und hielt sich nun im Gestein des Nordens fest, während schwermütiges Sonnenrot aus ihr perlte und Trauer über die Täler goss. In Hagen wuchs das seltsame Gefühl heran, in Wirklichkeit sei er es, den die arktische Sonne schon den ganzen Tag lang wie eine Beute umkreist hatte, während sie sich nun, scheinbar mutlos wie er, für Minuten nur über die Berggipfel breitete wie eine rotschimmernde Flechte, die ihre Kraft aus den Steinen saugte. Er wusste, dass er in der Verantwortung stand für das Kind, und dass er sich Solveig gegenüber keine Blöße geben würde, nachdem sie ihm den Jungen so unerwartet anvertraut hatte. In Gedanken malte er sich aus, wie wütend sie über ihn herfallen würde, flankiert von ihrem Neuen aus Oklahoma. Er schüttelte sich.

Der Junge, der immer noch starr in Richtung des Gletschers geblickt hatte, drehte sich um und musterte Hagen mit einem langen Blick.
«Ich glaube, wir können nur warten», sagte er.
«Das siehst du durchaus richtig», erwiderte Hagen gereizter als er beabsichtigt hatte.
Halvard schwieg. Er wusste, dass man nichts mehr zu sagen hatte, wenn sein Vater einen Fehler gemacht hatte.
Hagen würgte innerlich. Er wollte heraus aus dieser Situation, aber er wollte es ohne Gesichtsverlust. Er riss sein Messer aus der Scheide und schleuderte es in den Schnee, dass es stecken blieb. Erstaunt hob Halvard den Blick. «Ist es so schlimm?»
«Ach, lass mich», sagte Hagen und wendete sich ab.
«Tja», sagte Halvard und setzte sich zurück auf seine Maschine. Er ließ die Beine baumeln. Bald schienen sie ihren eigenen Rhythmus zu erlangen und schwangen wie zwei Pendel hin und her, während der Kleine halblaut sang.

«Der Papi und ich auf dem Eis. Wir kommen nie mehr runter. Der Papi und ich auf dem Eis. Wir kommen nie mehr ru-hunter ...» Ständig nur derselbe Satz.
«Nun übertreib‘s mal nicht», zischte Hagen.
«Wie kommen wir denn ru-hunter?», sang der Kleine weiter.
«Wart‘s ab», knurrte Hagen.
«Der Papi, ja der weiß es nicht, der Papi-Papi weiß es nicht ...», sang der Kleine und hatte plötzlich Hagens Hand im Gesicht.
«Wenn du hier anfängst die Nerven zu verlieren, dann kann ich auch ...», bellte Hagen grob, ließ aber offen, was er konnte.
Halvard wischte mit dem linken Handschuh über seine Wange und sagte nichts. Seine Beine hingen ruhig zu beiden Seiten des Scooters herunter.
«Du weißt es doch wirklich nicht», sagte er schließlich ganz ruhig.
«Die Arktis kannst du immer überlisten. Irgendwie.»
«Warum überlisten wir sie dann nicht?»
«Ich bin noch nicht fertig mit ihr», sagte Hagen voller Groll.
«Mir wird wieder kalt», sagte der Junge.
«Kalt», sagte Hagen verächtlich.

Erneut kroch der Junge unter die Aluminiumdecken.
«Haben wir noch Schokolade, Paps?»
Draußen zog unendlich gelassen die Küstenlandschaft vorbei. Ein paar Sturmvögel setzten sich auf das Eis und erhoben sich dann.
«In der Thermoskanne ist noch Tee», brummte Hagen.
Als er den bittenden Blick seines Sohnes erkannte, gab er sich einen Ruck und füllte ihm die Plastikkappe der Thermosflasche. Der Junge trank dankbar.
«Papp?», sagte Halvard.
Hagen hob vorsichtig die Augenbrauen.
«Papp», sagte Halvard.
«Was?», brummte Hagen.

«Ich will nicht nach Oklahoma.»
Der Satz fuhr in Hagen hinein wie ein glühender Draht.
«Nicht nach Oklahoma?», fragte er.
Der Junge schüttelte stumm den Kopf. Plötzlich schossen Tränen über sein Gesicht.
«Ich will nicht nach Oklahoma, Paps», flüsterte er.
Hagen hätte etwas sagen sollen. Aber er sagte nichts.
Wie vom Katapult geschnellt, schoss der Junge unter seiner Decke hervor und flog seinem Vater um den Hals.
«Ich will nicht nach Oklahoma, Paps. Bitte! - Nicht nach Oklahoma!»
Sein Gesicht vergrub sich in Hagens Hals. Sein Körper zitterte.
«Und wenn wir hier sterben, dann sterben wir, Paps. Nur nicht nach Oklahoma. Ich will bei dir bleiben!»

«Nicht-nach-O-kla-ho-ma», sagte Hagen langsam, während sein Kind sich in ihn verkroch.
Der Junge schüttelte heftig den Kopf.
«Mir ist kalt Paps. Mir ist so kalt.»
«Nicht nach Oklahoma», echote Hagen tonlos.
Und er fragte sich, ob er begriff, was er eben begriff. Er setzte sich mit dem Jungen im Arm auf den Schlitten.
«Oh Gott», sagte Hagen.

Er spürte, wie die Tränen des Kindes seinen Hals entlang liefen. Hilflos schob er ihn ein wenig von sich. Der Junge heulte auf und schob sich mit aller Gewalt wieder zu ihm hin. «Paap!», wimmerte er hilflos.
«Schon gut», sagte Hagen rau, und klopfte seinem Sohn ein paarmal linkisch auf den Rücken.
«Begreifst du denn nicht?», flüsterte der Junge, und seine Arme schlossen sich eng um Hagens Hals.
«Was gibt's da zu begreifen», sagt Hagen schroff, «wir sitzen fest.»

Der Junge löste sich wortlos von ihm und rutschte in den Schnee hinab. Dann setzte er sich auf seine Maschine zurück und blickte seinen Vater lange und scheinbar ausdruckslos an. - Hagen fühlte sich unwohl unter diesem Blick, aber er wusste nichts zu sagen.

Lange Zeit schwiegen die beiden.
«Es soll schön sein in Oklahoma», sagte Hagen schließlich zögernd, «sie haben viel Wald dort. Da kannst du jagen.»
Der Junge sagte nichts.
«Muss riesig sein», beharrte Hagen. «Mit richtiger Prärie und so, glaub' ich.»
Halvard blickte irgendwo auf das Ufer, irgendwo nach hinten, wo der Tempelfjell liegen musste, dunkel, blaugrau und drohend, mit einem Wolkenband im Gesicht.
«Oder ist etwas mit deiner Mutter?»
Halvard antwortete nichts.
«Du musst dir schon etwas Mühe geben», Hagen hatte das verdammte Gefühl, dass er redete, weil er das Schweigen nicht länger ertrug. «Schließlich ist sie deine Mutter.»
Halvard nickte versonnen, während er weit in die Ferne blickte. Von irgendwoher ertönte der Schrei eines Sturmvogels.
«Mhm», sagte Halvard schließlich.
Wieder schwiegen sie.
«Ich dachte, du kommst gut mit ihr klar», fragte Hagen nach einer Weile.
«Ich weiß nicht, ob ich ihr noch etwas bedeute», antwortete Halvard zögernd, «sie hat sich sehr verändert.»
«Natürlich bedeutest du ihr was», widersprach Hagen, «sonst hätte sie ... sonst hätte sie ...»
«Sonst hätte sie mich nicht hier her geschickt, meinst du?»
«Was ist eigentlich los?» Hagens Kragen fühlte sich schwitzig an. Schwitzig und heiß. Es mussten zwanzig Grad unter null sein.

Der Junge schaute ihn verwundet an. Nach einiger Zeit zuckte er wortlos mit den Schultern.
«Was ist eigentlich los?», wiederholte Hagen.

«Seit sie Vince getroffen hat. Seit Vince ist es anders.»
Halvard bohrte mit dem kleinen Finger tief in der Nase und schnippte etwas von sich. Hagen wurde das Kind immer unergründlicher. Seine Fronten waren immer klar gewesen. Wer Gegner war und wer Freund, darüber hatte er nie lange zu grübeln gehabt. Vince war sein Gegner, klar.
«Was ist mit Vince?», fragte er.
«Nichts», sagte Halvard. «Vince ist OK.»
Hagen grübelte irritiert.
«Ich verstehe nicht», sagte er.
«Vince ist langweilig», sagte der Kleine, «so langweilig wie nur irgendwas. Aber sonst OK.»
Das war nicht Hagens Welt, aber er versuchte sie zu verstehen.
«Ist er gemein zu Dir?»
«Nö», antwortete Halvard mit gespielter Coolness, «dafür ist er zu langweilig.
«Er läuft praktisch so mit?»
«Läuft so mit.»
«Mhm. - - Und was stört dich dann an ihm?»
«Nichts», antwortete Halvard, «an dem kann man sich gar nicht stören. Da is nix dran.»
«Mhm», sagte Hagen ratlos und hatte die verklausulierte Liebeserklärung seines Sohnes überhaupt nicht begriffen.

Für einen Augenblick vergaßen sie, wo sie sich befanden. Es war wie die Begegnung zweier Männer, die sich einmal flüchtig gekannt hatten, immer neugierig aufeinander gewesen waren, und dennoch niemals Gelegenheit gefunden hatten, mehr voneinander zu erfahren. Halvards Selbstbeherrschung zeigte vor allen Dingen, wie sehr er sich bemühte, der Männlichkeit seines Vaters standzuhalten und ebensowenig Schwäche zu zeigen wie dieser.

«Es ist so, weißt du», sagte er schließlich. «Vince existiert irgendwie gar nicht für mich. Und was draußen vorgeht, merkt er nicht. - - - Meistens sitzt er und schreibt etwas auf Karteikarten. Er ist Ethologe, weißt du.»
«Theologe», korrigierte Hagen ihn. «Theologe, wahrscheinlich.»
«Ethologe», beharrte Halvard, und Hagen verspürte wieder diese nagende Unsicherheit gegenüber dem Dämon Bildung, den er immer hatte reiten wollen, dem er aber niemals nahe gekommen war. Er schwieg.
«Ethologe», sagte er schließlich. «Die muss es wohl auch geben.»

«Aber das Problem», Halvard zog durch die Nase hoch, «aber das Problem hab' ich mit ihr, verstehst du?»
«Verstehe», sagte Hagen verständnislos.
«Sie kennt nur noch ihn», sagte Halvard genervt und rollte mit den Augen. «Als wir von dir weg waren - versteh' mich nicht falsch - da war das ganz OK.»
«OK», sagte Hagen.
«... Ich war ja noch klein. Und sie hatte nur mich. Manchmal ging sie einem auf die Nerven, weil sie sich ständig um einen kümmerte.»

Erst jetzt merkte Hagen, dass Halvards Bemerkung ihn getroffen hatte. «Hat sie sich gut um dich gekümmert?», fragte er brummelig. Draußen zog langsam die arktische Landschaft vorbei. Noch immer aber bewegten sie sich so schleppend, dass man ihr Fortdriften nur bemerkte, wenn man im Abstand von einigen Minuten die gleiche Stelle am Ufer suchte.

«Aber seit sie Vince hat», sagte Halvard, «seit sie Vince hat, ist sie total blind geworden. - - Bei dir war das nie so.»
Unmerklich zuckte Hagen erneut zusammen.
«Nur noch Vince», sagte Halvard kopfschüttelnd. «Tag und Nacht.» Er schwieg.
Hagen schwieg.
«Jede Nacht», sagte Halvard schließlich.
Hagen grunzte etwas.
«Mich sieht sie kaum mehr.»
Hagen schwieg. Er wusste nicht, ob er hier nicht einfach nur Lückenfüller sein sollte.
«Papp?»
«Mhm.»
«Ich weiß ja nicht, wie das ist. Aber kann das sein, dass jemand im Bett so ... so total anders wird?»
Hagen schwieg.
«Im Bett, meinst du?», sagte er schließlich. «Im Bett, mit deinen zwölf Jahren?»
«Irgendwo muss es doch passiert sein», grübelte Halvard.
Hagen bohrte sich den kleinen Finger der rechten Hand tief in die Nase, kratzte und schnippte ebenfalls etwas davon.
«Ein Bett ist ein Bett», sagte er schließlich. «Darin verändert man keine Menschen. - Nur manchmal macht man welche drin.»

Halvard kicherte, trotz der Kälte.
«Bin ich auch im Bett gemacht worden?»
Hagen überhörte die Frage.
«Ist sie so anders geworden? So total anders, als zu meiner Zeit mir ihr?»
Halvard nickte nur stumm.
«Das ist irgendwie - - - wie 'ne Religion, verstehst du? Die betet ihn an wie ihren Gott. Wenn er irgendwas Wissenschaftliches erzählt, dann ist sie total hinüber. Als würde sie da was kriegen,

was sie sonst nie gekriegt hat. Dabei sitzt er immer nur rum und schreibt was auf Karteikarten.»
Er machte eine kleine Pause.
«Wenn er wenigstens einen Computer benutzen würde, aber ... Karteikarten!»
«Vielleicht kann er sich nix merken», sagte Hagen, «wenn er ständig mit meiner Frau im Bett ist.»
«Sie hat gesagt, sie will sich scheiden lassen.»
«Tja», sagte Hagen, «sobald wir hier runter sind, lass' ich mich scheiden.»
Er blickte lange vor sich hin.
«Ethologe», sagte er schließlich. «Mit lauter Karteikarten.»

«Weißt du», sagte Halvard nachdenklich, «als wir noch eine richtige Familie waren, das war schön.» Hagen blickte auf. An ein Familienleben erinnerte er sich nicht. Sie waren verschieden gewesen, und er war zur Jagd gegangen, wann immer er konnte, weil er ihren stillen Vorwurf mied. Eigentlich war es furchtbar gewesen: Sie litt darunter, wie er war, unübersehbar. Sie litt unter seinem, Hagens, Wesen. Manchmal war ihm gewesen, als erregte schon seine bloße Anwesenheit ihren Widerwillen. Und irgendwie hatte es keine Brücke mehr gegeben, über die sie sich einander hätten annähern können.

«Und mit Vince funktioniert's, sagst du», grübelte Hagen, ohne auf Halvards traurige Erinnerung einzugehen. «Ich hab' bei ihr nie begriffen, was sie wollte.»
«Sie wollte einfach reden, glaub' ich», sagte Halvard nach einer längeren Pause.
«So wie wir jetzt, was?», konterte Hagen sarkastisch.
Halvard stand auf und tat ein paar Schritte über das Eis. Er schlug seine kalten Arme gegen den Körper.
«Nach Mitternacht zieht das hier ganz schön an.»

Hagen entging nicht, dass der Junge ihm gegenüber unbefangener wurde, so als habe ihm die gemeinsame Gefangenschaft ein Stück der Furcht vor ihm genommen. «Halt mit deinen Energien Haus», brummte er, obwohl er selbst nicht richtig wusste, was er damit meinte.

Halvard kam auf ihn zu und setzte sich neben ihn auf den Schlitten.
«Meinst du, wir kommen hier wieder 'runter?»
«Sicher», brummte Hagen unsicher. «Irgendwas muss schließlich passieren.»
Und nach einer Pause.
«Irgendwas passiert immer.»
Er wühlte in der Holzkiste auf seinem Anhänger und brachte Sandwiches zum Vorschein, dazu eine zweite Thermoskanne Tee.
«Wow!», sagte Halvard.
Hagen verschwieg ihm, dass er die Vorräte während des Trips nicht ausgepackt hatte, um ihn damit stärker zu fordern. «Hier!», murmelte er schließlich und reichte dem Kind etwas zu essen.
Sie kauten eine Weile. Hagen schaute argwöhnisch nach dem Wind, aber die Wolken trieben nordwestlich den Fjord hinaus, und so auch die Scholle. Während er sich ein paar Krümel aus dem Mundwinkel wischte, drehte er sich um in Richtung des Gletschers. Eine dunkle Wolke schob sich hinter ihnen drohend fjordauswärts. Normalerweise schneiten sie sich über den Gletschern aus, wenn sie, von der Ostküste her kommend, die Insel überquerten.
«Kann ja interessant werden», knurrte Hagen voller Unwillen. Sie sah nach Schnee aus, und wenn es anfing zu schneien, dann ging auch die letzte Sicht auf das Festland flöten.
Halvard blickte nur kurz auf.
«Ja», sagte er unbewegt.

Hagen begann sich zu fragen, wo der Junge diese kühle, unaufgeregte Übersicht her hatte.
«Wenn es zu schneien anfängt, legen wir uns auf die Schlitten und versuchen, etwas zu schlafen», entschied Hagen.
«Yessir», antwortete Halvard.
«Hast du eigentlich keine Angst mehr?», wollte Hagen mit verhaltener Neugier wissen.
Halvard blickte auf.
«Doch», sagte er, «sehr. Ich glaube nicht, dass du uns hier noch mal rauskriegst.»
«Quatsch», knurrte Hagen. «Reine Zeitfrage. Man muss nur die Nerven behalten.»
Er sandte eine weitere Rakete in den Himmel.

Unerwartet startete Halvard seine Maschine und fuhr langsam los, bedächtig um sich spähend. Hagen beobachtete ihn, wie er weit vor dem offenen Wasser abdrehte und ihre schwimmende Insel in sicherer Distanz zur offenen See umrundete, immer parallel zur Kante fahrend. Fast am Nordende der Eisplatte angelangt, stieg er ab und ging einige Meter am Eisrand entlang. Lange spähte er in die Ferne, dann wanderte sein Blick unmerklich himmelwärts. Hagen sah ihn in den Nachthimmel starren. Die Nordsonne starrte zurück, sie hatte einen fischhaften Blick an sich, etwas Kühles, Distanziertes trotz der Glutröte ihres Feuerballes, der die Landschaft jetzt nicht wärmen wollte, und Hagen überlegte, wo er dieser spähenden Zurückhaltung schon einmal begegnet sein konnte.
Doch noch während er auf Halvard blickte, fiel ein Schatten über ihn, und er bemerkte, dass die Welt über ihm eine Spur dunkler geworden war. Von Osten her hatte der Von-Post die schwarze Wolkenmasse weitergeschoben, und eben wälzte die erste Front sich über die Scholle. - Aus sicherer Höhe noch, aber bald, so wusste Hagen, würde ihr Gewicht sie nach unten ziehen, und alle Landschaft um ihn her würde sich in das

weiße Nichts zurückziehen, um sie den Alltäglichkeiten dieser Welt für Stunden zu entwinden. Beide würden sie verschwinden wie Schatten im Nebel, unsichtbar für die, die sie ohnehin nicht sahen. Oftmals schon war er in der konturlosen Geisterlandschaft gestanden, alleine, oder er war mit selbstmörderischer Geschwindigkeit nahezu blind durch sie hindurchgejagt. Und der Schmerz war gerade dann geblieben, und es waren dies die Minuten gewesen, in denen er ihn so intensiv empfunden hatte wie das Zucken eines freigelegten Nervs. Wo nichts mehr sich zwischen ihn und seine innere, seine echte Wirklichkeit zu schieben vermochte. In einer plötzlichen Aufwallung verspürte Hagen, dass er dem Tod x-mal näher gewesen war als jetzt, wo der nun wirklich im weißen Mantel die Eiskante entlangschlich. Hagen fand, dass die Situationen sich ähnelten in dem, was er am meisten hasste: Im Gefühl eines hilflosen Ausgeliefertseins, sei es an den stets verdrängten Schmerz und das damit verbundene stückweise innere Absterben, sei es an die langsam wachsende Todesnähe ihrer weißen Sterbejolle, die, gemächlich vor sich hinstrudelnd, einen Wall aus Unumstößlichkeit um sich zog.

Der Junge war weiter gewandert auf seinem ziellosen Marsch und hatte sich hundert Meter zu seinem Vater hin bewegt, als eine langsame Bewegung hinter ihm sein Schlittengespann ergriff und es wie in Zeitlupe um seine eigene Achse auswärts drehte. Halvards Gespann rotierte ganz ohne alle Eile von der Scholle weg, langsamer werdend, zweimal um sich selbst drehend, dann blieb es wieder stehen.
«Halvard, um Himmels willen, Halvard, komm her! Komm sofort her!», brüllte Hagen hysterisch.
Der Junge blieb stehen und legte die Hände an die Ohren. Er verstand nicht, was Hagen ihm zuschrie.
Brennende Wut über die Begriffsstutzigkeit seines Sohnes schoss in Hagen empor.

«Komm her!», brüllte er heftig gestikulierend. «Augenblicklich kommst du her, du verdammter Narr!»
Der Junge, anscheinend noch immer verständnislos, stutzte und blickte angestrengt zu seinem Vater. Plötzlich schien er zu begreifen, richtete sich straff auf und - rannte zurück zu seiner Maschine. Offenbar hatte er erfasst, dass Hagen ihn eiligst zurückbeorderte.
Er lief nur einige Schritte, dann stockte er fassungslos, während draußen das losgebrochene Scootergespann sich hin- und herdrehte. Als sei er völlig sprachlos, breitete Halvard beide Arme von sich. Dann rannte er los nach Norden.
«Bist du waaaahnsinnig, du verrückter Hund? Bist du wahnsinnig?», brüllte Hagen ihm wie ein Feldwebel hinterher, doch der Junge verstand ihn auch jetzt nicht.

Mit einem Satz schnellte Hagen rittlings auf die Maschine und startete sie. Der Motor war kalt und starb zweimal ab, bis er ihn endlich mit dem Choke zum Laufen brachte. Kaum, dass die Maschine den ersten Seufzer getan hatte, drückte er den Gashebel bis zum Anschlag und fegte brüllend das Eis entlang, obwohl er wusste, dass er gegen seinen eigenen Motorlärm niemals anzuschreien vermochte. Halvard rannte wie blind vor ihm her, und er war fast schon am Eisrand angelangt, als Hagen ihn endlich einholte. Aufschäumend vor Wut sprang er ab und schleuderte das Kind in den Schnee.
«Bist du völlig durchgedreht?», brüllte er mit sich überschlagender Stimme. Halvard spürte zwei brennende Ohrfeigen in seinem Gesicht.
«Willst du dich umbringen mit deinem Leichtsinn?», abermals schlug Hagen grob zu, bis er in die gelähmten Augen des Kindes blickte.
Er hielt in einem neuen Schlag inne und riss den Jungen auf die Beine.

«Was hast du dir eigentlich dabei gedacht?», schrie er. «Ich will wissen, was du dir dabei gedacht hast!»
«Papp», sagte Halvard leise. «Papp - der Scooter!»
Er zeigte mit der Hand nach draußen.
Draußen rutschte soeben Halvards Schlittengespann seitlich von der kippenden Scholle, erst langsam, dann immer eiliger. Die Scholle klappte auf der Gegenseite hoch wie ein schnappendes Maul. Dann kippten Maschine und Anhänger gänzlich ab, sandten eine Schaumfontäne empor und versanken in der gierigen Brühe. Die Eisplatte selbst klappte meterbreit zurück wie der Kiefer eines Kaimans und schlug klatschend auf die Wasserfläche. Die Einschläge wühlten das Meer auf, und als die Wellen sich an einem Treibeisfeld brachen, war Hagen, als vernehme er ein rieselndes leises Kichern. Ich werde verrückt, dachte er sich. Da soll einer nicht verrückt werden.

Sein Sohn stand da und weinte.
«Wie kommen wir jetzt nach Hause, Papp?», schluchzte er und fuhr angstvoll zusammen, als Hagen herrisch die Rechte hob.
«Setz dich hinter mich auf den Schlitten und geh‘ nie wieder weg von mir», sagte er schroff.
Linkisch schob der Junge sich an ihm vorbei. Plötzlich sprang er seinen Vater an und klammerte sich an ihn.
«Oh Papp, ich hab so Angst. Ich hab solche Angst!» Er drückte sein Gesicht gegen Hagens Brust.
«Verdammt noch mal, und ich erst», antwortete Hagen.
Sein Sohn schmiegte sich enger an ihn.
«Lass uns weg von hier», mahnte Hagen rau.
Er schob den widerstrebenden Halvard hinter sich auf den Sitz, startete den Motor und fuhr langsam zurück. Mit den Augen vermaß er die neue Mitte der Eisscholle.

Hinter ihm saß sein Sohn und hatte das brennende Gesicht gegen Hagens Rücken gelehnt. Hagen hatte den Kopf zwischen die Schultern gezogen, er war angriffslustig wie ein verwundeter Stier, aber er bekam niemanden zu fassen. Die Schlampe hatte sich gegen ihn gedreht, dachte er. Jahrelang war sie mit ihm ins Bett gegangen und hatte sich als seine Vertraute gebärdet. Nun stach sie ihn in den Rücken, es gab keinen Zweifel mehr.

Verdammt noch mal, was wollte sie? Er hatte Tage und Nächte mit ihr verbracht, und in all der Zeit war sie die Einzige gewesen, der er unter den weißen Rock gegriffen hatte. Hagen hatte gedacht, zwischen ihnen bestünde eine Art von Abkommen: Er mit ihr - sie mit ihm. Er nur mit ihr - sie niemals gegen ihn. Falschspielerin, wie schon so oft. Es lagen einige, derer sie jählings überdrüssig geworden war, noch immer auf Spitzbergen herum. Irgendwo in ihrer weißen Spalte, mit der sie sie auch im Tod noch quetschte. - Wildes Weib, dachte Hagen sich nicht ohne Grinsen Wer sie nie geritten hatte, der war am Leben vorbeigeritten.

Schließlich erreichten sie die Mitte der Scholle. Die neue Mitte. Inzwischen maß sie noch sechs Quadratkilometer. Zwei mal drei Kilometer. Genau zehn Minuten zügiger Fahrtzeit für eine Umrundung. Vielleicht verkleinerte sie sich jetzt minutenweise. Oder sie blieb einfach, wie sie war, aber sie erfroren langsam. Oder sie verschluckte den verbliebenen Scooter und ließ sie nach ein-zwei Tagen an Land. Wenn das Wetter mitmachte. Oder sie trieben alle zusammen hinaus, und man fand sie später neben ihrem Scooter. Oder sie verschlang sie beide und ersäufte sie, während der Scooter obenauf blieb. Oder überhaupt nichts passierte, und sie gingen in der nächsten Stunde an Land. Oder sie fuhren über das Pfannkucheneis an Land und erfroren sich die nassen Füße. Oder jemand kam vom Ufer her und holte Rettung. Oder ein Helikopter kam. Oder Jesus Christus.

Oder Allah. Oder Jahwe. Oder Buddha. Oder kein Schwein. Wahrscheinlich kein Schwein. - Bestimmt kein Schwein.

Guter Gott, dachte Hagen sich. Ich muss unbedingt den Jungen hier rauskriegen, und wenn ich dabei draufgeh‘.

Er hatte die Mitte der Scholle erreicht und kreiste wie ein wildes Tier. Eine Fahne von Zweitaktergestank hinter sich herziehend, drehte er seine sinnlos spähenden Runden, mal enger, mal weiter. Dann in Gegenrichtung. Oval. Enge Schleifen. Langsam suchendes Hin und Her am Rande der Hysterie. Schließlich hielt er an.

«OK, Junior», sagte er jovial, «hier steigen wir ab.»

Der Junge blieb sitzen und blickte angstvoll auf das Eis.

«Stell dich nicht so an!», herrschte Hagen ihn an, «es ist mehr als einen Meter dick.»

«Oklahoma», sagte Halvard und lachte unversehens auf.

Er stieg ab und lehnte sich gegen die Maschine. Hagen lehnte sich daneben.

«Willst du jetzt plötzlich doch hin?», fragte er gereizt.

«Ich komm‘ nie mehr hin», lachte Halvard hysterisch, «höchstens die Scholle hält so lange aus, und wir treiben bis Oklahoma!»

«Bis ans Ufer», knurrte Hagen gereizt, «bis ans Ufer treiben wir.»

Er schwieg versunken, als wollte er Gewissheit schöpfen. «Und dort gehen wir an Land.»

«Zusammen», sagte Halvard trotzig und ohne jede Überzeugung.

Hagen schwieg. Ich muss den Jungen hier rauskriegen, dachte er. Unbedingt. Wenigstens ihn. Um mich kümmert sich längst niemand mehr. Und dann ab mit dir. Ab nach Oklahoma, ins weite, weite Land ohne Eis. Irgendwo draußen schlugen Treib-

eisschollen aneinander, dass es krachte wie die letzte Endgültigkeit.
«Die letzte Schokolade», sagte Hagen und hielt seinem Sohn das zerknüllte Bündel aus Papier und Stanniol hin. Über Halvards Gesicht huschte ein kurzes Aufleuchten, als er nach der letzten braunen Rippe griff. Hagen ließ das leere Papier los, und ein Windstoß hob es in Kopfhöhe empor, von wo es seltsam plump dahinschwebte, bis es sich auf das Eis senkte und, vom Wind getrieben, über die Scholle kugelte. Irgendwann verlor Hagen es aus den Augen.

Der Junge saß in sich zusammengesunken.
«Meinst du eigentlich, du bist richtig, hier oben?», fragte Hagen unvermittelt.
«Hier oben?», er machte eine müde Handbewegung über das Eis. «Warum fragst du?»
«Ich meine nur», zog Hagen sich wieder zurück. «Kein besonderer Grund.»
«Nervt, wenn man so wartet», mühte Halvard sich um Haltung. Ohne sich etwas davon anmerken zu lassen, begann Hagen mehr und mehr, das Kind vor sich wahrzunehmen. Er studierte das vom Fahrtwind gerötete Gesicht mit den freundlichen Augen, in denen für sein Alter schon viel zu viel Ernst lag. Das leicht struppige, strohblonde Haar, das unter der Wollmaske hervorlugte. Die breiten Backenknochen, die Solveig ihm vererbt hatte, und die ihn bisweilen wie einen kleinen Russen erscheinen ließen. Den etwas breiten Mund mit den vollen Lippen, dessen Lachen Solveig immer so verzückt hatte, und nach dem sich in einigen Jahren wahrscheinlich die Mädchen sehnen würden. Hagen lächelte misstrauisch in sich hinein. Widerstrebend musste er sich eingestehen, dass der Kleine ihm imponierte. Schon wie er die harte Fahrt gemeistert hatte, zeigte Charakter. Aber dass er ihre beinahe aussichtslose Lage so gefasst nahm, das hatte er ihm nicht zugetraut. Seltsamer kleiner

Kerl. Er redete von ihrem nahen Ende so cool wie der Held in einem billigen Westernstreifen. Hagen streifte die Handschuhe ab und betrachtete seine schrundigen, vom vielen Töten und Abhäuten hart gewordenen Hände. Es war immer sein Wunsch gewesen, dass Halvards Hände eines Tages genau so das Messer führen sollten. Haut zerschneidend, Gelenke zertrennend, Knochen brechend, Fleisch lösend, und dazu den schweren dunstigen Geruch warmen Blutes in der Nase, das sich in der Kälte stets besonders schwer über den Fjord erhob. Unversehens blickte er auf, und zum ersten Mal bemerkte er, wie der Kleine an seinen Augen hing. Er fühlte sich peinlich berührt.
«Was ist?», fragte Halvard müde.
«Mmmh», brummte Hagen.

Zwanzig Minuten vergingen. Mit dem Abbruch des letzten Schollenteils war auch in Hagens Kopf etwas losgebrochen. Aus den Augenwinkeln hatte er immer wieder die weichen Züge des Kindes studiert. Und, hatten diese früher seinen Unmut herausgefordert, so entdeckte er jetzt die Schutzlosigkeit, die sie bargen. Ihn wunderte, dass ihn unversehens rührte, was bisher nur seinen dumpfen Zorn gereizt hatte. Und doch gestand er sich ein, dass der offenkundige Verlust seiner eigenen Unverwundbarkeit ihm die Verwundbarkeit dieses Kindes umso bewusster gemacht hatte. In Hagens Kopf vollzog sich all das nicht klar und nicht bewusst, eher war es das Emporwachsen eines diffusen Gefühls, das sich zwischen Bauch und Brustkorb zu entfalten begann. Ein unklarer Instinkt signalisierte ihm auch, dass er den Jungen stets unterschwellig als Gegner gesehen hatte, den es zu beherrschen galt. Doch, was hier neben ihm saß, das war kein Gegner mehr.

«Ich weiß nicht», sagte Hagen schließlich, «ich weiß es wirklich nicht.»
Der Junge hob schläfrig die Augen. «Was? Was meinst du?»

«Ob du hier oben richtig bist.»
«Ich bin nur müde», piepste der Kleine. Offenbar war er schon ziemlich schläfrig. Denn tagsüber mühte er sich um eine sonore Aussprache, jetzt aber schnappte sein Kehlkopf im Stimmbruch auf und ab, und Hagen verzeichnete es mit leiser Belustigung.
«Wie du meinst», sagte Hagen gedehnt, «aber ich glaube langsam - - ich glaube langsam, Oklahoma wäre besser. Für dich.»
«Ich will nicht», sagte Halvard bestimmt, «ich will bei dir bleiben.» Und dann nach einer Pause: «Ich gehör' da hin.»
«Bin ich nicht so sicher», sagte Hagen mit zusammengekniffenen Augen und dachte, es sei immer mehr an der Zeit, von der Scholle herunter zu kommen.
«Nach Oklahoma gehör' ich jedenfalls nicht», sagte der Junge trotzig. Verzweifelter Trotz.
«Weiß nicht», überlegte Hagen laut, «so kannst du jedenfalls nicht weitermachen.»
Halvard blickte ihn fragend an.
«Du bist zwar mein Sohn», sagte Hagen rau. «Aber für die Arktis taugst du nicht.»
Erstaunt bemerkte er die Spur von Bitterkeit, die sich unter seine Stimme schob.
«Für die Arktis taugst du wirklich nicht», wiederholte er.
«Wo gehör' ich dann eigentlich hin?», schrie der Kleine plötzlich. «Sag mir das! Sag mir, wo ich hingehöre!»
«Ein Kind gehört zu seiner Mutter.»
Hagen bemerkte, dass er dabei war sich zu rechtfertigen.
«Die will mich nicht», sagte der Junge bitter, «die will mich nicht. Wenn dieser Idiot Vince ihr nicht so wichtig wäre, säße ich nicht hier.»
«Ein Kind wächst bei seiner Mutter auf, oder es wächst gar nicht richtig auf», beharrte Hagen stur. «Jedenfalls zu meiner Zeit war das so.»

«Zu deiner Zeit», sagte Halvard nachdenklich, «wieviel Zeit haben wir denn noch?»
«Fang nicht schon wieder damit an!», knurrte er.
«Wo soll ich denn sonst noch hin?», sagte Halvard und starrte in die Leere, «ich bin doch noch ein Kind? Oder?»

Und während Halvard mit dürren Worten den Rest seiner Kindheit verteidigte, die längst schon zwischen den Unverträglichkeiten zweier Erwachsenencharaktere zerrieben worden war, wuchs in Hagen die wilde Gewissheit heran: Ich muss ihn von hier runterkriegen. Er muss weg von hier, unbedingt weg. Weg von der Scholle. Weg vom Sassenfjord. Weg von der ganzen Insel. Ich weiß nicht, wofür er gebaut ist, denn ich weiß nichts von der Welt da draußen. Aber ich weiß, dass er für meine Welt nicht taugt. Er ist zu weich. Vielleicht wird mal was ganz anderes aus ihm. Vielleicht ein Priester, auch wenn es mir zuwider wäre. Oder ein Studienrat. Oder ein Schriftsteller. Sicher irgendwas, wo man sich nicht selbst verpflegen muss, sondern wo man Bücher frisst statt Fleisch. Aber Spitzbergen macht ihn mir kaputt. Die Insel bringt ihn mir irgendwann um. Er tritt der Wildnis so zutraulich entgegen wie seiner Mutter. Als hätte er niemals hassen gelernt. Das kann alles überhaupt nicht gut gehen.

«Also», sagte der Kleine plötzlich. «Wo gehör‘ ich jetzt hin?»
So trotzig seine Stimme war, so verzweifelt flehten seine Augen. Hagen genoss seine neu erlangte Gewissheit viel zu sehr, um daneben etwas anderes zu bemerken. Er würde ihn auf festes Land hinüber schaffen, und er würde ihn von der Insel schaffen. Dann hätte der Kleine noch einiges vor sich, von dem er, der grobe alte Hagen, noch überhaupt nichts ahnte.

Hagens Stimme wurde eine Spur weicher.

«Aber hier oben, mein Junge, hier oben gehst du doch kaputt. Das ist doch auf Dauer nichts für dich.»
«Auf Dauer muss es ja nicht sein. - - Nur solange, bis ich größer bin.» Halvard schluckte. Hagen schluckte. «Ich bin immer nur das Faustpfand für euch. Oder der Bremsklotz.»
«Sie muss sich sehr verändert haben, wenn du so von ihr sprichst», murmelte Hagen ungläubig. «Du warst immer ihr ein und alles, solange sie noch hier oben war.»
«War sie eigentlich jemals dein ein und alles?», wollte Halvard plötzlich wissen.
«Von Gefühlen hab' ich nie viel gehalten», erwiderte Hagen gebremst. «Aber ich hab' die Kohle nach Haus gebracht und hab' mir nie was zuschulden kommen lassen.»
«Hast du sie eigentlich verstanden?», fragte Halvard, und er gähnte lange und tief.
«Nie», antwortete Hagen verdächtig schnell. «Nie. Aber wer versteht schon 'ne Frau.»
Das Bild stieg wieder hoch. Der Finger, den sie so langsam und so genüsslich in ihrer Scheide gedreht hatte. Das Bild saß. Noch immer. Er hatte nie verstanden, warum sie es getan hatte. Und nun fühlte er sich verlassen.

«Glaubst du nicht, dass du mich ein bisschen brauchen kannst? Ich geb' mir doch Mühe», sagte der Kleine leise.
«Das genügt nicht», wehrte Hagen ab. «Du bist nicht gebaut für hier.»
Er schwieg einen Moment.
«Und ich kann dich nicht zu etwas machen, was du nicht bist.»
Er nagte auf seiner Lippe.
«Ich glaube, ... Ich glaube, du kommst insgesamt mehr nach deiner Mutter.»
«Ja, Paps», sagte der Kleine leise, und es klang nach Entschuldigung.

«Ich denke mir», sagte Hagen gedehnt, «du brauchst mehr Wärme.»
«Wäre nicht schlecht», sagte das Kind so leise, dass Hagen es kaum verstand. Aber er verstand sowieso nicht.
«In Oklahoma haben sie schöne Sommer. Das weiß ich sicher.»
«Ja Paps», sagte der Kleine traurig.
«Und wenn du jagen gehen willst, dann gehst du in den Wald und schießt dir irgendwas.»
«Ich glaub', ich bin einfach kein Jäger», sagte Halvard mutlos.
«Siehst du», antwortete Hagen freundlich, «das ist es, was ich meine: Für Spitzbergen taugst du nicht. Du bist eigentlich kein Jäger. Du hast eigentlich nichts Richtiges zu tun hier. Und ein Mann muss etwas tun. Du hast nicht mal Spaß daran, eine Robbe abzuhäuten.»
«Ohne deine dämliche Robbe», Halvard nickte in Richtung des Kadavers, auf dem inzwischen zwei Möwen herumpickten, «ohne deine blöde Robbe säßen wir jetzt nicht hier. Und du bist ein Jäger. Oder?»

Wieder blickte Hagen seinen Sohn erstaunt an. Ihn beschlich das nagende Gefühl, dass das Kind ihm an intellektueller Schärfe überlegen war. Es gefiel ihm nicht. Als Vater hatte man überlegen zu sein und zu führen. Wozu war man sonst noch Vater?
«Du kommst wirklich nach deiner Mutter», sagte er unfreundlich. «Die hatte auch immer das letzte Wort.»

«Also», sagte Hagen schließlich, und er schob jede Silbe so langsam hervor wie jener Artist, dem er einmal im Fernsehen zugesehen hatte: Er nahm ein Dutzend Pingpongbälle in den Mund und schob sie wieder einzeln zwischen seinen Zähnen nach draußen. «Also», sagte er, «wenn wir hier herunter sind, dann gehst du nach Oklahoma. Da gehörst du letztlich hin.»
«Da gehör' ich dann wohl hin», echote Halvard tonlos.

«Verstehst du denn wirklich nicht, dass ich es gut mit dir meine?»
«Klar», antwortete Halvard seltsam kalt, «bring' mich nur noch irgendwie runter von hier.»
«Ich bring' dich runter, mein Junge. Und ... und, falls wir uns verlieren sollten, halt immer Kurs nach Süden, das ganze De-Geer-Tal entlang, den Kregling-Pass hinunter, das Helvetiatal, immer gradeaus, gradeaus, gradeaus. Sobald du an Land bist, findest du die Scooterspuren im Schnee. Immer der Spur nach. Irgendwann triffst du auf einen Scooterfahrer, der dir hilft.»
Sie schwiegen lange. Hagen begann auf ein seltsames Gefühl in seinem Inneren zu lauschen, das unerwartet über seine Seele wehte wie ein zarter Gazefetzen im Eiswind. Das ihm sagte, dass er für dieses Kind das Letzte zu geben hatte, wenn er es noch retten wollte. Das ihm sagte, dass eine Zeit zu laufen begonnen hatte, an deren Ende eine Trennung stand. Das ihm sagte, dass das Fortkommen dieses Kindes um ein Vielfaches wichtiger war als seine eigene rüde Existenz. Das seinen inneren Blick nun wie hypnotisiert auf den Gedanken richtete, Halvard retten zu müssen. Ein seltsames Verlangen nach Zärtlichkeit beunruhigte ihn. Eine unbestimmte Wallung, deren Ursprung er genauso wenig kannte wie ihre Richtung, und an deren Ende - folgte er seinem eigenen Gefühl - nichts anderes stehen konnte als sein eigener Tod. Er verspürte ein grenzenloses Erstaunen über sich selbst. Und darüber, dass das Leben unversehens begonnen hatte, ihm Befehle zu schreiben.
«Fein», sagte Halvard eisig, «und du?«

Hagen schüttelte den Kopf.
«Warum willst du mich unbedingt loswerden?», fragte Halvard unversehens.
«Ich will dich retten», sagte Hagen nach einer langen Pause.
Der Junge schaute ihn feindselig an.

«Du?», fragte er mit leisem Spott, «warum schikanierst du mich dann dauernd?»
Wieder spürte Hagen diesen seltsamen Einschlag in seiner Seele.
«Siehst du», antwortete er schließlich. «Siehst du, das ist es, was ich meine. Ich kann dir hier oben nichts geben. Nichts, was mir wirklich wichtig ist. Was ich dir geben kann, macht dich nur unglücklich. Es gibt dir nichts. Und ich habe immer geglaubt, du wolltest ein Jäger werden so wie ich. - - Nicht schön für einen Vater», sagte er, und seine Lippen verzogen sich zu unerwarteter Bitterkeit.

«Ich bin ein einfacher, rauer Mann» murmelte er schließlich leise, und seine Stimme zitterte. «Ich habe nie etwas verstanden von den Büchern deiner Mutter. Und vermutlich niemals etwas von dir. Es geht einfach nicht.»
«Wir könnten's immer noch probieren», sagte der Junge leise.
Hagen schüttelte den Kopf. «Du würdest mich nur hassen, irgendwann. Es reicht schon so. Es reicht schon, dass ich auch dir nichts geben konnte. Genauso wenig wie deiner Mutter.»
Zu Halvards Überraschung barg er das Gesicht in den Händen.
«Verstehst du», sagte er schließlich. «Ich gebe auf. Ich will nicht auch noch dein Feind werden.»
Als er wieder aufblickte, zeigte sein Gesicht die traurige Verlorenheit eines Einsiedlers.
«Leben kann ich nur hier oben. Und hier oben gehst du mir kaputt. Deshalb musst du so schnell wie möglich weg.»

Halvard hatte Tränen in den Augen, deshalb wandte er sich ab und blickte aufs offene Wasser hinaus. Weit draußen zogen sich Nebelfetzen über den Fjord. Schwarze Federköpfchen wippten auf der Wasseroberfläche, ohne dass er erkennen konnte, um welche Vögel es sich handelte. Zwei große Eisschollen in

Ufernähe ragten nebeneinander aus dem Wasser wie Geschütztürme.
«Du willst mich weg haben», sagte Halvard schließlich. «Okay.»
«Okay», sagte Hagen. «Endlich kapierst du.»

«Kann man ein Gewehr kaufen, in Oklahoma?», wollte Halvard wissen.
«Glaube schon», sagte Hagen.
«Ach Paps», sagte der Junge plötzlich und flog seinem Vater an den Hals. Hagen drückte ihn linkisch an sich und tätschelte seinen Rücken.
«Du solltest jetzt etwas schlafen», sagte er, «wer weiß, wie lange es noch dauert.»
Draußen auf dem Fjord zogen sich die Wolken zusammen und färbten sich dunkel. In einer Stunde schneit es hier, dachte Hagen. Dann kann man in dieser Pisse hier überhaupt nichts mehr sehen.

Der Junge fingerte die silberglänzenden Survivaldecken vom Schlitten und rollte sich ein. Schlagartig lag er im Tiefschlaf. Hagen äugte angestrengt zum Ufer. Während ihres Gesprächs hatte die Scholle sich um sich selbst gedreht und schien Kurs auf das Südufer zu nehmen. Hagen überlegte einen Moment. Die Müdigkeit zerrte jetzt auch an seinen Knochen, und einen Augenblick lang war er versucht, sich auf den Scooter zu legen und ebenfalls zu schlafen. Doch er überlegte es sich anders. - Falls sie wirklich in Ufernähe kamen, blieb ihnen nur ein Fenster von zwanzig, dreißig Sekunden, das es ihnen erlauben würde, mit dem Scooter über das Treibeis an Land zu jagen. Jede Sekunde, die er früher startete, bedeutete dann einen Meter näher ans Ufer. Einen Meter weniger Wasser, in dem man mitsamt der Maschine absackte. Einen Meter weniger, den man sich durch brusthohes Eiswasser an Land zu kämpfen hatte. Einen Meter näher am Leben und einen Meter weiter weg vom Tod. Dazu musste die Maschine in der richtigen Startposition stehen.

Vorsichtig schob er sich zwischen den Scooter und den Anhänger und befingerte mit klammen Fingern die Anhängerkupplung. Er löste den Bügel des Sicherheitspins, der wie eine riesige Sicherheitsnadel in der Kupplung steckte, und zog ihn heraus. Dann kratzte er vorsichtig den Schnee von der Einrastlasche, klappte sie hoch und löste die Aluminiumdeichsel vom Schlitten. Die Deichsel ließ er lautlos in den Schnee sinken. Er blickte hinter sich: Der Junge schlief. Zufrieden lächelte er und richtete sich wieder auf. Mit beiden Beinen stemmte er sich in den Schnee und schob den Scooter nach vorne, bis er fünf Meter vom Schlitten mit dem schlafenden Halvard entfernt stand. Die Raupe gab ein singendes Knirschen von sich, doch der Kleine erwachte auch davon nicht. Hagen trat vor die Maschine, ergriff die beiden Stahlski und zerrte sie links herum. Die Maschine drehte sich im rechten Winkel und stand nun quer zu Halvards Schlitten. Hagen war zufrieden. Wenn er jetzt schnell starten musste, hatte er freies Feld vor sich und konnte praktisch jeden beliebigen Kurs einschlagen, um auf Höchstgeschwindigkeit zu beschleunigen. Das einzige Problem würde sein, die kleine Schlafmütze neben ihm schnell genug wachzukriegen, aber zur Not würde es etwas Grobheit schon tun. Das half immer, auch wenn keiner es mochte. Jetzt brauchte er nur noch wachzubleiben und auf den Kurs der Scholle zu achten. Irgendwann würde die Gelegenheit da sein. Irgendwie ließ die Arktis sich immer überlisten, so verschlagen sie auch war. Selbstzufrieden spähte er im Kreis herum. Hinter ihm hatten sich zwei Papageientaucher mit ihren roten Schnäbeln auf das Eis gesetzt und lugten neugierig zu den beiden Menschen hinüber. Sie erhielten Besuch von zwei Thorshühnchen, deren rostrotes Gefieder schon von weitem durch die Luft leuchtete, als sie landeten. Voller Leben der ganze Fjord, dachte Hagen sich.

Voller Leben. In so einer Umgebung stirbt man nicht. Er setzte sich rücklings auf seine Maschine, um die Landschaft im Auge zu behalten. Kaum, dass er saß, fiel er hinten über und lag in schwerem, tief atmendem Schlaf.

***

Es war ein strahlendblauer Sommertag gewesen, und Solveig hatte gelacht, als sie ihn in seinem Aufzug erblickte. Er war zu Hause angekommen, blutverschmiert und durchnässt bis auf die Haut. Aber er hatte das Rentier über der Schulter, schleppte das Gewicht mit letzter Kraft, und dazu schimpfte und zeterte er, dass sie ihn schon von weitem hatte hören können. Er hatte das Tier angeschossen und es verfolgt, als es flüchtete, und dabei war er bäuchlings in eine der Schmelzwasserlachen gefallen, die der arktische Sommer reichlich über die zartgrüne Landschaft zu streuen pflegte. Das blutende Tier hatte er schließlich mit einem zweiten Schuss erledigt. Wütend, tropfend, frierend, vor sich hin schimpfend brach er es anschließend auf. Den fünfzig Kilogramm schweren Torso schleppte er kilometerweit bergauf, bergab, über Geröll und sommerliche Sumpfwiesen in die Siedlung zurück. Seine Hosen und Stiefel waren schlammverschmiert. Über seinen Nacken, sein Hemd, seine Unterarme und Hände war das Blut des Tieres gelaufen. Wenn er sich keuchend den Schweiß von der Stirn wischte, färbte er sich damit das ganze Gesicht. Da die Tiere auch gerade ihr Sommerfell verloren, hatten sich unzählige braune Haarbüschel vom Körper seiner Beute gelöst und waren mit dem trocknenden Blut überall an ihm festgeklebt: Gesicht, Schläfen, Haare, Hals, Arme, Hände, Hemd, Hose - alles war mit einem zerrupften, buschigen Sommerfell bedeckt, das ihn daherstolpern ließ wie einen alten norwegischen Berggeist. Als Solveig ihn erblickte, lachte sie, wie er sie niemals hatte lachen sehen. Zum ersten Mal hatte er das beglückende Gefühl erlebt, dass er ihr mit seiner Jägerei Freude bereiten konnte, und die Art, wie sie ihm entgegenflog und ihn trotz seines unerfreulichen Zustandes küsste, hatte ihn angefüllt mit glücklichem Erstaunen.

Hagen warf das Rentier vor dem Geräteraum ab. Gleich würde er es dort aufhängen. Mit glasigen Augen lag der Kopf des Tieres auf dem gefrorenen Schotterboden vor dem Haus. Solveig hakte sich bei ihm unter und halb schob, halb zog sie ihn ins Haus. Der kleine Halvard schlief, vierzehn Monate alt, in seinem Zimmer. Unter den feixenden Bemerkungen seiner Frau hatte Hagen sich aus seiner durchnässten Hose geschält, und sie hatte seine dichtbehaarten Beine gestreichelt, ihr Blick und ihre Stimme hatten sich plötzlich verändert, und dann zog sie ihn unter die Dusche. - Sie blieben lange darunter, der warme Wasserstrahl brachte sein Innerstes wieder auf normale Temperatur, während Solveigs weiche Hände über seine Haut fuhren und ihn seiften. Draußen lag der Körper des Rentieres, so achtlos behandelt, wie ein Jäger es sonst niemals tat. Irgendwann fiel die Seife auf den Boden, und Solveig drehte sich mit dem Gesicht gegen die Wand, ihr festes Gesäß aufstöhnend von sich gestreckt, während er von hinten in sie kam, wie einer nur kommen konnte, wenn er frisch getötet hatte.

Fast eine Stunde lang war Hagen der wilde, rohe Jäger, und dieses eine Mal war etwas zwischen ihnen eingerastet, und er fühlte sich akzeptiert von ihr, wie er war. Irgendwann wurde der Junge wach und schrie. Tropfend von Wasser stürzte Solveig hinaus und kümmerte sich um Halvard. Hagen stand mit seiner Rute im warmen Wasserstrahl und hätte das ganze Haus zerlegen können. Als er hinterher auf dem Sofa saß, das Kind vor ihm am Boden spielend, neben ihm ein dampfender Tee mit Rum, beugte Solveig sich liebevoll zu dem Kleinen hinunter. Sie hatte sich ein kurzes T-Shirt übergezogen, und als sie sich nach vorne neigte, leuchtete ihre Scham ihm so rot und warm und einladend entgegen, dass er an sich herumzuspielen begann. Später saß sie neben ihm, lächelte ihn an und reckte sich genüsslich. Sie hob ihre Arme über den Kopf, aus ihren Achselhöhlen blinkten metallschwarze Haarstoppeln. Vor zwei Wochen hatte sie sich die Achseln rasiert, und ihr halbrasierter Zustand elektrisierte ihn plötzlich. Überhaupt fand er auf einmal, dass er eine attraktive und begehrenswerte Frau vor sich hatte. Und sobald der Junge wieder in seinem Bett lag, machten sie weiter. Noch Monate hinterher, als die alte, undurchdringliche Fremdheit sich längst wieder wie eine Mauer zwischen sie geschoben hatte, dachte er traurig und verzückt an jene eine Nacht. Er ging hinaus und tötete abermals, doch was immer er mit sich brachte, Solveigs Reaktion hatte sich ins genaue Gegenteil verkehrt. Hagen mit seinem einfachen Verstand fand keine Erklärung dafür. Erst tötete er für sie, dann tötete er aus Enttäuschung. Schließlich wurde das Töten zu seiner Beschäftigung, und es löste seine Anspannung. Je mehr seine Kraft, seine Härte und seine Ausdauer wuchsen, desto höher wurde sein Ansehen im Dorf. Und desto einsamer war er.

«Komm nach Haus!», stöhnte er leise, doch die Arktis antwortete ihm nicht.

In seinem Kopf wirbelten Bilder durcheinander, so wie er sich Amerika vorstellte: Ein Flughafen, Officers in dunkelblauen Uniformen, gelbe Taxis und breitkrempige Hüte - und riesige Häuser, zwischen denen ein Jäger sich so sehr verlaufen konnte, dass er verhungerte. Er sah ein glattgewienertes Männergesicht vor sich, mit teigiger Haut und roten Augen hinter einer randlosen Brille. Was wollte so einer in Oklahoma? Einer, der Abende lang reden konnte, ohne dass ein Gesunder etwas davon verstand. Einer, der sich in Solveigs Welt hineingeschwafelt hatte, und der nun auch noch dieses Kind verrückt schwafelte, während Hagen, von Erinnerungen zerfressen, zu Hause schon seit langer Zeit die Dusche mied, ohne dass er erklären konnte, warum. - Er wusch sich nur noch kurz mit einem feuchten Lappen ab. Schließlich gab es niemanden, dem er Erklärungen schuldete.

Hagen lag lange so. In seinen Träumen lag er hilflos auf den Rücken gepresst wie ein umgedrehter Käfer. Er lag verzweifelt, und über ihm breitete sich ein Gesicht aus, riesig wie der Himmel eines Festzeltes, und blickte ihn aus randlos bebrillten Augen kalt und schmallippig an. Diese Type würde schon fünfhundert Meter vom Haus entfernt zum ersten Mal von der Maschine fallen. Und wenn er etwas abhäuten sollte, würde er in einem Handbuch nachschlagen und dann einen Aufsatz darüber schreiben und dann jeden einzelnen Schnitt auf eine Karteikarte übertragen. Jetzt aber war eben dieser spinstige Kerl grenzenlos breit geworden und über Hagen hinweggewachsen, während dieser, plötzlich selbst zum Kind geworden, strampelte und schrie und all die Schwäche erlebte, die er im bewussten Zustand so sehr verachtete. Der Wortschwall von Vince - denn er erkannte ihn, obwohl er ihn nicht kannte - regnete auf ihn herab und machte ihn wütend über seine Wehrlosigkeit. Bis er sich verschluckte und keuchend nach Luft hustete. Doch Vince redete weiter, alles Dinge, die kein Mensch verstand, und Solveig tauchte auf, und sie trug wieder das kurze T-Shirt, das diesmal ihre haarige Scham von vorne erblicken ließ. Und sie presste sich an Vince, nahm ihm mit einer zärtlichen Geste die Brille ab und putzte sie für ihn am vorderen Saum ihres T-Shirts. Ihr schwarzes Dreieck blinkte wie ein Paillettenbesatz, und Hagen begriff auf einmal alles und stöhnte leise auf. «Komm zurück!» Und zugleich spürte er, dass der steinerne Kloß in seinem Hals sich zu etwas Hartem formte das aus ihm herausdrängte, und er spürte, dass es die Umrisse einer Patrone besaß. «Komm zurück!», stöhnte er, «bitte!», während Vince unentwegt weiterredete. Und Hagen begriff, dass das da in seinem Schlund wirklich eine Patrone war, und dass er sie mit einem einzigen Druck seiner Kiefer zur Explosion bringen konnte. Solveig rieb immer noch die Brillengläser sauber, während Hagen ihr von unten zwischen die Beine sah, und dann setzte sie Vince seine Gläser auf, und der nahm es ohne Reaktion entgegen. Und Hagen fragte sich, ob der auch dann noch redete, wenn er sie unter der Dusche gegen die Wand bog, und wahrscheinlich war es einer, der zweimal täglich duschte, und vielleicht war deshalb seine Haut so teigig.

«Komm zurück!», brachte er kaum noch hervor, während er spürte, wie das Geschoß in seinem Mund immer größer und immer gefährlicher wurde und mit seinem anschwellenden Schmerz in Abschussposition wanderte. Und nun schien Solveig ihn gehört zu haben, denn sie lächelte ihn strahlend an, so wie damals, als er ihr das Rentier gebracht hatte. Dann schob sich jener feine Zug von Verachtung über ihr Lächeln, und Hagen sah entsetzt, wie sie Vince's rechten Zeigefinger ergriff und ihn zwischen ihre Schenkel führte. Hagens Mund war nun zum Bersten voll, und als er verzweifelt aufstöhnte, schlug sein Zungenmuskel wie ein Hammer auf die Granate, die träge zwischen seinen Kiefern lag. Und dann krachte es. So laut, dass er glaubte, sein Kopf flöge auseinander. Hagen riss entsetzt die Augen auf.

Zwei Meter links von ihm wirbelte das Wasser auf. Schlagartig begriff Hagen, dass der Knall, der jetzt noch immer von den Bergen zurückrollte, echt gewesen war. Ohne jede Vorwarnung war die Scholle mittendurch geborsten, und die beiden Hälften fuhren nun zügig auseinander. Auf dem linken Teil der Scholle lag Halvard. Auf dem rechten Teil lag er. Schlaftrunken und mit schwarzen Punkten vor den Augen, richtete er sich ganz auf und blickte in das Gesicht seines schlafenden Sohnes, der langsam von ihm weg trieb.

«Halvard», brüllte er mit überschnappender Stimme. «Halvard, Halvard, wach auf! - - Wach auf! Wach auf!»
Er griff sich entsetzt an den Hals.
«So wach doch endlich auf. Oh Gott, oh mein Gott, mein Junge!»

Vielleicht fünf Meter. Vielleicht fünf Meter Eiswasser. Vielleicht einfach nur Vollgas, und ich bin wieder bei ihm. Und wenn es nicht reicht, dann knall' ich eben mitten ins Wasser, und dann war es das eben. Aber ich muss zu meinem Jungen. Und wenn ich draufgehe, ich will zu meinem Jungen. Halt aus, mein Kleiner, ich bin dein Vater. Gleich bin ich bei dir. Und dann bin ich bei dir. Und Oklahoma vergessen wir. Wie konnte ich so ein Narr sein! Oklahoma, oh du verdammte, verdammte Scheiße! Warte mein Kleiner, ich werde die Maschine hochjagen, bis die Kolbenringe rausfliegen. Und wenn es zwanzig Kilometer bis zu dir sind, dann werde ich zwanzig Kilometer durch die Luft fliegen. Und wenn ich erst mal drüben bin, dann bring ich dich auch an Land. Und wenn ich mit dem Messer ein Floß aus dieser verdammten Scholle herausschnitze, die mir meinen kleinen Jungen wegnehmen will. Und wenn ich zwölf Stunden lang mit den Händen im Eiswasser paddele. - - Hilfe! Hilfe! Verdammt noch mal, hört mich denn niemand, dieses verdammte Land nimmt mir mein Kind weg!

Mit fliegenden Fingern drehte Hagen den Startschlüssel, wirbelte auf dem Sitz herum und gab Gas. - In seiner Panik hatte er den Starterchoke nicht gezogen. Der Motor krächzte kurz und ging knatternd wieder aus. In der ersten Verwirrung blickte Hagen um sich. Er sah seinen Sohn, der nun wach geworden war und voller Bestürzung in die Höhe schoss.

«Paap!»

«Bleib stehen! Um Gottes Willen, Halvard, bleib stehen! Bleib stehen! Stehen blei...»
Ohne zu überlegen war der Kleine aufgesprungen, als er die schäumende Wasserbahn zwischen sich und seinem Vater erkannt hatte. Jetzt rannte er auf Hagen zu. - Bei Gefahr suchten Entenjunge stets die Nähe ihrer Eltern. Oder junge Trottellummen. Oder junge Füchse. Oder Rentierkinder. Oder Eisbärenkinder. Verdammt noch mal, klar.
Anscheinend wollte er einfach springen, der Wahnsinnige. «Verdammt noch mal, bleib ste...!»

Kurz vor dem Rand der Scholle begriff Halvard und versuchte anzuhalten. Aber der Schollenrand war frisch. Und die Scholle hatte gerade frisches Wasser getrunken. Der Schollenrand war glatt, denn er war frisch vereist. Als sei er in einer Zeitlupenvorführung, beobachtete Hagen, wie der Junge unaufhaltsam dem Schollenrand entgegen rutschte. Es geschah langsam genug, um eine Ewigkeit zu dauern. Und es geschah schnell genug, um es nicht mehr anhalten zu können. Halvard glitt so staksig dahin wie ein junger Schlittschuhläufer, dann kippte er über den Rand hinaus. Mit einem Aufschrei warf er sich rückwärts und schlug mit dem Kopf gegen die Eiskante. Aber irgendwie behielt er eine Hand auf dem Eis, während er bis über den Kopf in die Eisbrühe tauchte.

Hagen schrie auf.
Halvard schrie auf, als er wieder an die Oberfläche kam. Seine Rechte war noch immer in die Scholle gekrallt.
Ein kräftiger Windstoß strich mit der Faust über den Schlitten und nahm selbstgefällig die beiden Survivalfolien an sich. Er wehte sie quer über das Eis, ließ sie einen Luftwirbel lang darauf liegen und warf sie schließlich in die See.

In erstem Entsetzen stürzte Hagen an den Schollenrand. Sein Hals war rau und trocken, und er hatte Mühe, die Worte herauszubekommen.
«Halt aus, ich komme! Halt aus, mein Kleiner, gleich bin ich da! Oh mein Gott, oh mein Gott!»
In diesem Augenblick zerbrach der Panzer aus Enttäuschung, Schmerz und Einsamkeit in Hagen, und alle Zuneigung, die er sich niemals zu fühlen erlaubt hatte, brach berstend aus ihm hervor wie die Wasserfontäne aus einem unter Druck geplatzten Rohr. Und nun sprühte sie in sinnlosen Beschwörungsformeln über das Eis. Formeln, die nun nur noch Worte waren, und nichts mehr zu bewirken vermochten. Unentwegt vor sich hin brabbelnd, mehr zu sich selber redend als zu dem Kind, begann Hagen sich den Overall vom Leib zu reißen. Er blieb damit an seinen schweren Stiefeln hängen, fiel vornüber, rollte sich auf den Rücken, erhob sich halb, nestelte panisch an den Stiefelbändern herum und kriegte irgendwie einen Fuß frei. Als er den Kopf hob, sah er, wie Halvard den Oberkörper über den Schollenrand schob, während die neugeborene Scholle sich weiter und weiter von Hagens trägem Wasserfahrzeug entfernte.

Verdammt zäher Hund, dachte Hagen sich unwillkürlich. Der Kleine schrie und schlug in unkontrollierten Bewegungen mit den Händen um sich. Dann krallten seine Finger sich ins Eis, er schnellte empor und lag auf einmal wieder auf der Scholle. Schreiend wälzte er sich. Hagen riss sich den zweiten Stiefel herunter, während die Scholle sich mit der Gemächlichkeit eines wandernden Bären fjordauswärts schob. Hagen riss sich Pullover und Socken vom Leib und rannte barfuß zum Wasser.

Der Junge erblickte ihn. Er blutete aus einer Platzwunde am Hinterkopf. Mit einer unendlich gequälten Bewegung richtete er sich auf.

«Nicht, Papp! Nicht Papp! Bitte, bitte nicht!»
Hagen blieb verunsichert stehen. Inzwischen waren es vierzig Meter. Wenn er wirklich zu schwimmen versuchte, würde er unterwegs steiffrieren.
«Nicht, Papp! Es ist vorbei. Es hilft nicht mehr! Ich will nicht, dass dir etwas passiert!»
Halvard wurde von Kältekrämpfen geschüttelt. Er fiel in sich zusammen und sank auf das Eis.
Wenn er liegen bleibt, friert er mir fest. Um Himmels Willen, er friert mir fest.
«Oh Papp», schrie der Junge, «oh Papp, mir ist so kalt! Warum hilfst du mir nicht?»
Mit einem Satz war Hagen am Rand der Scholle.
«Nein!», heulte der Junge auf, «bitte nicht, Papp! Bitte nicht! Ich hab' doch nur ...»
Hagen sank auf die Knie. Seine Fußsohlen wurden taub auf dem Eis, aber das interessierte ihn nicht.
«Ich kann dich doch nicht so krepieren lassen!», heulte Hagen.
Halvard schüttelte den Kopf. Vielleicht aber schüttelte ihn einfach nur die Kälte.
«Es hat keinen Zweck, Papp! Wir können nichts tun.»
«Nein!», heulte Hagen.
Der Junge wurde umhergeworfen wie in epileptischen Krämpfen. Die Kälte fing nun an, ihn aufzufressen. Die Scholle trieb weiter davon. Provozierend langsam jetzt, aber davon. Was war nur mit Hagens eigener Scholle los? Warum ging das verdammte Ding nicht hinterher? Sie lag reglos im Wasser, weiß, faul, kalt, unbeirrt wie ein Reptil, und gänzlich unbeeindruckt von dem Sterben um sie her.
«Ich kann nicht!», schrie Hagen. «Ich muss zu dir!» Und er starrte auf die Wasserstraße vor sich und wusste, dass er niemals drüben ankommen würde.
«Mach's gut, Paps! Mach's gut! Ich schaff' das schon!»

Halvard fiel erneut zu Boden. Seine Gliedmaßen schienen sich selbständig gemacht zu haben, denn sie schlugen in alle Richtungen.
«Nein!», schrie Hagen gequält auf und sank auf das Eis. Wütend wischte er sich über das Gesicht. Es war etwas in seinen Augen, was da nicht hin gehörte. Es versperrte ihm die Sicht auf sein Kind, und er sah es heute zum letzten Mal.

Der Von-Post schickte hämisch einen kalten Gruß herüber, und so fauchte ein neuer, eisiger Luftstoß die Bay hinaus. Ein Luftstoß von kratzender Kälte, der sich auf dem langen Marsch von der Ostküste über den Gletscher her zu unsichtbarem Eis verwandelt hatte. Und der lockere Oberflächenschnee der Scholle hob sich in meterlangen Korkenzieherwirbeln eine Handbreit vom Boden und wieselte über das Eisfeld, während die Sonne von den Bergen herab strahlte und das kreuzlebendige Wirbelspiel von innen her aufleuchten ließ. Hagen wollte mit der Kälte nichts zu tun haben. Gackernd wie ein Huhn, eine skurrile Figur und nur noch ein Abklatsch des einst so zähen und unerschütterlichen Jägers, rannte er hin und her. Halvard richtete sich wieder auf, sein ganzer Körper bebte. Wenn sein verdammter Schlitten nicht abgesoffen wäre, hätte der Kleine wenigstens etwas Trockenes anzuziehen, dachte Hagen in ohnmächtiger Wut. Aber du musstest ihm erst den Schlitten nehmen, bevor du ihn dir selbst geholt hast.
Hagen sank auf die Knie und blickte himmelwärts.
«Warum tust du mir das an?», schrie er anklagend. «Warum zum Teufel er? Was hatte er mit unserer Sache da zu tun?»
Sein Geschrei verhallte. Wenn die Arktis fraß, dann fraß sie lautlos. Und sie erklärte sich niemals.

Ihm wurde kalt. Zögernd griff er nach seinem Pullover. Sein realistischer Blick über das Wasser sagte ihm, dass er keine Chance hatte, dem Jungen auch nur ein Kleidungsstück zuzuwerfen. Halvard lag mit dem Gesicht im Schnee und wurde am ganzen Körper von Kältekrämpfen geschüttelt. Halblaut vor sich hinbrabbelnd, dann wieder wimmernd, gehorchte Hagen den Gesetzen seiner eigenen Not und kleidete sich wieder an. Plötzlich richtete Halvard sich auf und musterte ihn lange, während Hagen mit wachsendem Unbehagen zurück in seine Kleider schlüpfte. Das Kind hatte den Kopf tief zwischen die Schultern auf die Brust hinab gezogen und verbarg ihn hinter seinen gekreuzten Armen. Hagen konnte sein Gesicht nicht sehen.

«Paaap!», schrie er plötzlich, «Paaap, was soll ich denn machen?»

«Halt aus!», schrie Halvard und schloss gerade seinen Reißverschluss.

«Versuch irgendwie auszuhalten.»

Wie lange soll er das denn aushalten, dachte Hagen sich. Und vor allen Dingen wozu.

«Ich probier's ja, Paps!», rief der Kleine schluchzend.

Er kniete auf dem Eis, seine Arme fielen schlaff herab, und Hagen sah hilflos mit an, wie er dort drüben hemmungslos zu weinen begann.

«Ich hab' so Angst vorm Sterben, Papp!»

Du bist auch viel zu jung dafür, dachte Hagen.

Gelähmt sah Hagen mit an, wie Halvard auf die Seite fiel. Jetzt schlotterte er unentwegt, als läge er auf einem Rüttelsieb. Um irgendetwas zu tun, rannte Hagen zu seinem Scooter. Um die Gepäckgabel am Heck hatte er ein grünes Kunststoffseil gewickelt. Obwohl er wusste, dass es zu kurz war, wickelte er es ab. - Es reichte nicht einmal bis zum Rand seiner Scholle, geschweige denn hinüber zu Halvard. Wenn er die verdammte Scholle näher an die von Halvard heran bekäme, dann würde es reichen. Er holte sein kleines Handbeil aus der Satteltasche. Er würde es ans Ende des Seils binden und es hinüberwerfen. Halvard musste es ins Eis hauen. Dann würde er vorsichtig mit der

Maschine anfahren. Entweder zog er Halvards Scholle zu sich her oder seine Scholle zu Halvard hinüber. Das war so sicher wie das Amen in der Kirche. Das war Physik. Mechanik. In der Arktis war alles Überleben Physik oder Mechanik. Wie kam er eigentlich dazu, hier die Nerven zu verlieren! Scheu blickte er zu Halvard hinüber. Dort drüben lag er und wartete, dass sein Vater sich bewährte.

Es war nur so, dass das Seil zu kurz war. Und dass seine Scholle sich nicht bewegte. Halvards Scholle bewegte sich jetzt auch nicht mehr. Sie ruhte still und nachtsonnenüberweht wie ein Speiseteller aus Porzellan. Hagen dachte angestrengt nach. Seine Scholle bewegte sich nicht, weil sie zu groß war. Weil die schwache Strömung nicht ausreichte, sie der anderen hinterher zu schicken. Also musste sie kleiner werden. Viel kleiner als Halvards Scholle, damit sie schneller wurde, weil sie weniger Wasser verdrängte. Es war eben doch alles Physik.

Hoffnungslosigkeit stimmt bisweilen optimistisch. Erst das Bewusstsein, jeden Ausweg verloren zu haben, verleiht jene seltsame Hochstimmung, die einen das Unerreichbare als lächerlich nah erleben läßt. Hagen wurde plötzlich hinweggerissen von einem Strom alles verdrängender Zuversicht, und er verfiel in emsige und zielgerichtete, wenngleich aussichtslose Aktivität. Mit wenigen Handgriffen war der Scooter bis nah an den Schollenrand gefahren.
«Paps, bleib drüben!», schrie Halvard und richtete sich mühsam auf. Aus den Augenwinkeln erkannte Hagen, dass sein Gesicht blau angelaufen war. Er nahm den Scooter wieder etwas vom Rand weg. Nur damit sein Eisfloß nicht zur Seite kippte, wenn er es fertig hatte. Inzwischen hatte er seinen Plan geändert. Er wollte das Eisfloß so klein wie möglich machen und es notfalls mit den Händen zu seinem Sohn hinüber paddeln. Falls es sein musste, würde er seine Maschine einfach ins Wasser werfen.

Als er aufblickte, sah er, wie Halvard sich gerade vom Eis ins Wasser schieben wollte.
«Nicht - - nicht - - - niiiicht!», brüllte Hagen, «verrückter Hund, so warte doch!»
«Ich will zu dir, Papp!», schrie der Junge. Seine Stimme vibrierte dünn. Die Kälte hatte sie schon fast weggefressen.
«Warte, bis ich drüben bin!»
«Ich schwimm rüber, Papp! Wenn ich es jetzt nicht mache, schaffe ich es nicht mehr. Ich brauche warme Kleider!»
«Du kommst nie im Leben lebendig an! Bleib drüben! Auf keinen Fall gehst du ins Wasser!»
Der Junge sank zurück auf das Eis und rührte sich nicht mehr. Vielleicht war er bewusstlos.

Das Elend des Kindes verlieh Hagen Flügel. Schnell maß er mit den Augen die Größe seines Eisfloßes ab, begab sich zum Schollenrand und begann ekstatisch zu hacken. Bald schwitzte er, und sein halbnacktes Intermezzo war vergessen.

Er hackte mit aller Kraft. Wo die Eisstücke davonflogen und sich eine kleine Rinne bildete, füllte sie sich sofort mit einem Gebräu aus Wasser und breiigen Eisstückchen. Hagen hackte einen Meter lang, dann wischte er sich den Schweiß von der Stirn. Als er aufblickte, sah er, wie der Kleine sich auf dem Eis wälzte. Er glaubte ihn wimmern zu hören.

Mit jedem Schlag grub seine Handaxt sich tiefer. Mit jedem Schlag spritzte mehr Eisbrei in die Höhe. Mit jedem Schlag kostete es mehr Kraft. Mit jedem Schlag wartete er auf den Durchschlag in das Wasser, und mit jedem Schlag wurde ihm bewusster, dass der nie kommen würde. Nach einer halben Stunde verzweifelter Hackerei hatte er einen drei Meter langen Graben vom Rand der Scholle gezogen - drei Meter von sechs oder sieben, um sein kleines Floß ans Treiben zu kriegen. Drei Meter Wassergraben, in den der tödliche weiße Brei sich ergossen hatte, den er nun so sehr hasste.

Innerhalb weniger Stunden hatte sich alles in seinem Leben ins Gegenteil verdreht. Aus seiner Vertrauten war seine Feindin geworden. Aus seinem Rekruten sein Kind, das er liebte. Aus dem Eis, seinem gewohnten Lebensraum, seine tödliche Falle. Aus dem selbstsicheren Jäger ein aufgelöster, verzweifelter Vater. Und aus seinen Händen kalte Fleischblöcke, vom Eiswasser blutig geätzt.

Er war Realist genug, um zu sehen, worauf er sich eingelassen hatte: Er war dabei, sich einen Kinderkanal zu graben. Eine Sandrinne am Strand, durch die eine Handvoll Meerwasser lief. Doch, so sehr die Kinder auch gruben und gruben, sie erreichten niemals den Punkt, wo der Boden sich ganz auflöste und sie ein Stückchen Festland zurück ins Wasser schoben. Auch Hagen wusste, was er immer gewusst hatte: Dass das Eis unter ihm meterdick war. Dass man eine ganze Lokomotive darauf stellen konnte. Dass das Hacken mit einem Handbeil nichts anderes war, als das Graben mit einer Kinderschaufel. Es hätte nicht einmal ausgereicht, ein Grab in das Eis zu schaufeln, geschweige denn ein Floß für Halvards Rettung. Ermattet und nach Atem ringend wischte Hagen sich mit den Eisstümpfen am Ende seiner Arme den Schweiß vom Gesicht. Er starrte in die plätschernde Rinne, um nicht auf Halvard starren zu müssen.

Oklahoma. Das Wort durchbohrte ihn wie ein 22er-Geschoss. Sie hinterließen einen sengenden Schmerz, die kleinen Dinger, wenn sie wie stählerne Insekten durch einen Körper fuhren. Aber sie töteten nicht sofort, sondern verletzten einen nur, und man verblutete langsam von innen her, unendlich langsam bisweilen. Er erinnerte sich an den schwedischen Touristen, der im April durch einen Eisbären gestorben war. Er war unterwegs gewesen, nach seiner naiven Einschätzung gut bewaffnet mit einer Pistole, ausgerechnet einer .22er mit ihren winzigen Kugeln. Als das Tier ihn angriff, setzte er ihm aus einem Meter Distanz sieben Kugeln in den Kopf, eine davon ins Auge. Es half ihm nichts. Man fand den Bären weit entfernt von der Leiche des Schweden, aus dem Maul blutend, aber immer noch lebendig und in Bewegung.

Oklahoma. Er hatte das Kind von sich wegschicken wollen, weil er seine Nähe nicht ertrug. Weil das, was sich an Zärtlichkeit in ihm bewegte wie ein winterstarrer Erdwurm, die Wärme ihrer Begegnung nicht zulassen wollte. Er wollte Halvard in die Ferne schicken, um ihm nahe sein zu können. Er hob den Blick und schaute vorsichtig hinüber. Er hatte ihn in eine Ferne geschickt, aus der er ihn nicht mehr zurückbekommen würde.

Wind und Vogelstimmen setzten für Sekunden aus. Durch das einsetzende Schweigen hörte er das Wimmern seines Sohnes. Die Stille trug es zu ihm herüber. Vierzig Meter weit weg. Einen ganzen Tod weit entfernt, und alles in Sichtweite. Nie mehr Oklahoma, Kleiner. Die Wärme dort hätte dir gut getan.

Eine seltsame Kühle befiel Hagens Gedanken. Er fragte sich, ob Halvard schon festgefroren war. Nachdenklich blickte er auf die Spitzen seiner Stiefel. Wasser und Eisbrei hatten sie mit einer rauen Glanzschicht überzogen, und unter dem Todeshauch des Eismeeres gefror der Brei unter seinen Füßen zu Kristallen. Das Eis fraß sich voran. Von der Schollendecke hinein in seine Stiefelprofile, von den Stiefelprofilen die Sohlenränder hoch, und schon wuchs es ihm wie ein Ameisenschwarm über die

Füße hinweg. Hinein in die dünne Gore-Tex-Haut der Überstiefel. Bald schon sich vorfressend in die Filzstiefel. Gleich würde es von der Scholle aufwärts wachsen, über den Leichnam seines Sohnes hinweg. Dann, vielleicht, würde es sich öffnen und, einem trägen Maule gleich, das Kind nach innen saugen. Zurück in das Nichts einer allumfassenden Vergessenheit.

Vergessen. Vergessen war, was Hagen nicht konnte. Vergessen. Solveig vergessen. Den Finger vergessen, den sie sich aus der Möse zog. Den Ausdruck auf ihrem Gesicht, als sie sich den Finger leckte. Lutschte. Das sägende Motorengeräusch, das sich so dreist durch die Nacht stahl. Den Schmerz vergessen, der sich wie ein Bohrer nach innen fraß. Das Eis, das sich langsam von innen nach außen fraß. Das Kind, das mit zusammengekniffener Seele zurückgeblickt hatte, als es vor seiner Mutter her die Gangway hinauf marschiert war. Das Eis, das sich von außen her um ihn geschlossen hatte. Das Eis, das mit weißen Zungen in sein Haus hinein wuchs. Das Eis, das seine kalte Decke erst über die Sitzmöbel legte, dann über die Kücheneinrichtung. Das Eis, das über seine Bettdecke kroch, während es darunter immer heißer wurde. Das Eis, das sein Haus in eine Gletscherhöhle verwandelte, ohne dass die anderen es bemerkten. Das keiner wahrnahm außer ihm, obwohl es überall war. Das sich jetzt gerade über seinen Jungen hermachte.

Ein tierischer Schrei riss ihn aus allen Gedanken. Halvard hatte sich auf die Knie hochgekämpft. Seine ganze Frontseite schillerte bereits von Eis. Hagen wusste, dass es inzwischen seine Kleidung durchdrungen hatte und sich über seine junge Haut hermachte. Eis war nicht anders als jedes Raubtier, - Jungtiere fraß es besonders gern. Der Junge schrie ihm etwas zu. Es klang schrill, verzweifelnd, erstickend. Und es fuhr in Hagen hinein und zersprengte ein Stück Eis in ihm.

«Warte!», schrie Hagen sinnlos.
Das Kind wimmerte laut.
«Ich komme!», schrie Hagen.
Das Kind wimmerte laut.
«Du darfst auf keinen Fall aufgeben! Auf keinen Fall!»
Das Kind wimmerte laut.
«Ich helfe dir», schrie Hagen. «Ich helfe dir auf jeden Fall!»
Das Kind wimmerte laut.
«Wir müssen irgendwie ...», er stockte, weil seine Stimme versagte, «... irgendwie ... wir müssen irgend...»

Wie ein Beilhieb und ohne Vorwarnung traf ihn die Erkenntnis, dass es irgendwie nicht mehr geben würde. Nicht mehr in diesem Leben. Und nicht mehr für dieses Kind. Das Unbestimmte in dem kleinen Wort irgendwie, das Unbestimmte, das so oft die einzige, restliche Hoffnung in einem Verzweifelnden geweckt hatte, schien nun zischend aus ihm zu entweichen. Aus dem in sich selbst zusammenfallenden irgendwie wurde niemals, und aus niemals wurde mit Sicherheit. Den Blick auf den eisglänzenden kleinen Körper fixiert, der sich schlangenhaft am Rande der Scholle wand, erkannte er mit bleierner Nüchternheit, dass der kleine Halvard mittendrin war, einen furchtbaren Tod zu sterben.

Eine volle Minute lang verharrte Hagen wie ein Standbild. Es war eine endlose Minute, denn unaufhörlich schob sich ein Gedanke zwischen allen anderen Gedanken nach vorne. Ein Gedanke, dem er sich nicht mehr entziehen konnte. Hagen stand reglos. Dann ging er zu seinem Scooter zurück. In der röhrenartigen Aussparung unter dem Scootersitz lag sein Gewehr.

Hagen blickte nicht um. Scheinbar mit aller Gelassenheit, derer ein Jäger fähig war, packte er die Büchse am Schaft, zog sie heraus und stellte sie mit dem Schaft auf den Sitz, so dass die Mündung himmelwärts zeigte. Es klickte scharf, als er mit einem Fingerdruck auf der Unterseite des Schaftes die Magazinverriegelung löste und mit der Linken das volle Patronenmagazin herausnahm. Das Schreien seines Kindes war zu einem schneidenden Heulen angeschwollen. Halvard rief seinen Namen, aber Hagen drehte sich nicht um. Mit einem kalten Geräusch öffnete sich das Gewehrschloss, als seine rechte Hand den Kammerstengel ruckartig nach links legte und nach hinten riss. Die Patronenkammer lag offen. Er blickte hinein. Sie war leer. Ohne aufzublicken schob Hagen das Schloss mit der Rechten wieder nach vorne. Gleichzeitig drückte er mit dem linken Zeigefinger den Abzug durch. Dadurch ließ sich das Schloss verriegeln, ohne dass der Abzug gespannt wurde. Es klackte dumpf wie brechendes Glas, als das Schloss einrastete. Hagen legte die leere Waffe auf den Sitz. In der Linken hielt er immer noch das volle Magazin. Mit seiner rechten Daumenspitze schob er unter leichtem Druck die erste Patrone soweit nach vorne, dass der Federdruck des Magazins sie heraus schnellen ließ. Nach zwei weiteren Patronen hatte er das Magazin geleert. Er steckte die drei Patronen mit der Rechten in die rechte Hosentasche. In einer Seitentasche seines Scooters fand er zwei Patronenschachteln. Er nahm eine davon heraus. Sie enthielt einen anderen Patronentyp als den, den er seiner Waffe entnommen hatte: Die Pulverladung darin war deutlich schwächer, so dass das abgefeuerte Geschoß etwas langsamer flog. Und während die bisherigen Geschoße fast vollständig ummantelt gewesen waren, nur von einer kleinen weichen Spitze gekrönt, so trugen diese hier einen nur zwei Drittel langen Mantel. An ihrer Spitze leuchtete dazu ein kräftiger Bleikopf, dessen Spitze nach innen ausgehöhlt war. Immer wenn Hagen diese Patronen ins Magazin schob, kam es ihm vor, als grinsten sie ihn an. Als wüssten sie um ihre verheerende Wirkung. Wenn die Geschoße auf ein weiches Ziel schlugen, faltete ihre Spitze sich auf wie ein kleiner Regenschirm und vergrößerte dadurch schon das Ein Schussloch auf den zweieinhalbfachen Geschoßdurchmesser. Hierdurch wurde das Projektil stark abgebremst, und die infolge der Verzögerung frei werdende Energie übertrug sich auf das Ziel. Zusammen mit der aus der schwächeren Pulverladung resultierenden geringen Fluggeschwindigkeit wurde das Geschoß nach dem Einschlag so langsam, dass es im Gegensatz zu anderen Projektilen nicht einfach durch den Körper hindurch raste und auf der Rückseite unverändert wieder austrat. Vielmehr riss es einen bis zu drei Zentimeter breiten Schusskanal, zerteilte sich im Körper, seine Teile zerstoben in alle Richtungen, rissen zusätzliche Schusskanäle mit zusätzlichen, gleich verheerenden Zerstörungen. Wollte man sicher gehen, dass eine Beute nicht entkam, sondern mit dem ersten Schuss zu Boden geworfen und möglichst getötet wurde, so stellten diese Patronen die ideale Laborierung dar.

Bedächtig und mit ruhigen Fingern griff Hagen in die Schachtel. So gemächlich, als hätte er alle Zeit der Welt, entnahm er ihr zwei Patronen und schob sie vorsichtig in das Magazin. Dann verstaute er die Patronenschachtel wieder in der Seitentasche. Erneut stellte er die Waffe auf, um von unten her das Magazin in den Schaft zu drücken, da stutzte er. Die Linke mit dem kleinen stählernen Behältnis bis in Augenhöhe erhoben, senkte er den Kopf nach vorne und überlegte. Langsam, während die immer verzweifelteren Schreie seines Sohnes nun pausenlos die Luft durchschnitten, legte er sein Gewehr wieder auf die Maschine. Eine halbe Minute lang stand er wie versteinert. Dann fasste er einen Entschluss, griff sich erneut die Patronenschachtel und fingerte eine dritte Patrone aus dem Styroporblock, in welchem sie mit der Spitze voraus steckte. So emotionslos wie vorher legte er die Schachtel an ihren Platz zurück, und es sah aus, als gäbe es in seinem Leben keine Eile mehr. So spitzfingrig wie die beiden anderen schob Hagen auch diese Patrone in das schwarz glänzende Magazin mit den drei Seitenlöchern. - Seltsam, jetzt wo er es in Fingern hielt, sah es von der Seite aus wie ein kleines Containerboot. Es gab ein feines, fast zirpendes Geräusch, als er es mit der Linken in die Schafthalterung drückte und einrastete. Er atmete tief durch, als er den Kammerstengel zum zweiten Mal nach hinten riss und wieder nach vorne schnellen ließ.

Hagen wurde auf einmal übel. Im Innern seiner Mundhöhle schien sich ein umfassender Krampf auszubreiten, während sich von einem Moment auf den andern jede Menge Speichel darin ansammelte. Er legte das Gewehr ab und stützte sich mit der Rechten ab.

«Wahnsinn!», war das Einzige, was ihm noch durch den Kopf ging. «Wahnsinn!» Von einer nicht mehr ertragbaren Wehmut übermannt, wandte er sich langsam um. Halvard lag zuckend auf dem Eis. Er hatte gelben Schaum vor dem Mund. Hatte er sich erbrochen? Wenn sie erfroren, dann erbrachen sie sich oft. Das Gefühl von Hilflosigkeit, das Hagen übermannte, war in seiner Größe mitleidlos. Der Kleine hatte sich erbrochen und besaß nicht mehr die Kraft, sich abzuwischen. Hagen schüttelte sich.

Mit aller Ruhe wandte er sich wieder seiner Maschine zu und nahm das Gewehr auf. Langsam schritt er die Scholle entlang. Der Schnee knirschte unter seinen Stiefeln. Das Wasser quitschte und quatschte in den Rinnen. Die Eisbrühe blubberte vor sich hin wie ein faul gewordener Topf Suppe, der jetzt seine Blasen warf. Die Möwen schrien in der Ferne. Die Sturmvögel geckerten in der Ferne. Der Gletscher rumpelte in der Ferne. Auf Halvards Gesicht in der Ferne saß ein stählerner kleiner Käfer, der vorne auf der Spitze eines Laufs wohnte. Wenn er seine Arbeit getan hatte, würde er von draußen zurückkehren und sich wieder oben auf die Laufspitze setzen.

«Nein», sagte Hagen, «um Gottes Willen, nein. Nicht das Gesicht.» Nicht dieses Kindergesicht, das ihn so ratlos angesehen hatte, als er damals die Gangway hinaufgeschlichen war. Das so geleuchtet hatte, als der Kleine nach Jahren der Trennung auf ihn zugestürmt war. Das nach Hagens kühlem Gruß so hilflos dreingeblickt hatte. Das jetzt so verzweifelt und vollgeschmiert zu seinem Vater herüberblickte. - «Nein», sagte der Jäger, «nicht das Gesicht.»

Der schwarze Käfer wanderte langsam von links nach rechts. Halvard lag fast ganz auf dem Bauch, den Kopf nur noch schwach angehoben. Er wand sich jetzt langsamer als vorher, seine Kräfte wurden weniger. Offenbar war er schon so benommen, dass er die Waffe seines Vaters nicht bemerkte. Trotzdem, er konnte noch Stunden so liegen bleiben, wenn man ihm nicht half. Hagen wusste es: Halvard war im Lauf. Er konnte nur noch nach vorne heraus, oder er konnte im Lauf krepieren. Halvard hob den Kopf und wandte seinen Körper von Hagen weg. Merkt der was? Als hätte er ein Licht in der Ferne erspäht. Dreh dich um, mein Junge, dreh dich um. Ich will dich nicht in den Rücken schießen. Aber Halvard blickte weit hinaus, während die Konvulsionen seines Körpers weniger wurden. Der Käfer begann zu zittern, das Gewehr wurde schwer. Hagen wartete und wartete. Dreh dich um, Junge, komm, dreh dich um. Bringen wir's hinter uns. Gleich ist dir wieder warm. Gib mir nur endlich eine Chance, solange ich die Büchse noch halten kann.

Halvard fiel mit dem Gesicht auf das Eis wie ein nasser Sack, immer noch von seinem Vater abgewandt. Er lag halb auf der linken Schulter, die rechte Schulter leicht angehoben, den Rücken leicht zu Hagen gedreht. Keinen RückenSchuss, dachte Hagen sich. In den Rücken schieß‘ ich dich auf keinen Fall. Komm endlich. Matt geworden in den Armen, ließ er das Gewehr zu Boden sinken. Der Käfer flog zum Gewehr zurück. Halvard schob seine Hände unter das Gesicht. Hagen hörte ihn wimmern.

Es war eine andere Art von Wimmern geworden. Leiser. Unartikulierter. Hoffnungsloser. Einfach nur noch frierend.

Nach einer kurzen Rast seiner Arme hob Hagen das Gewehr wieder an. Sofort erhob sich das kleine schwarze Tier und flog zurück zu dem Jungen. Wenn jetzt nicht irgendwas passiert, passiert es, dachte er. Mit dem rechten Daumen schob er den Abzugsbügel nach vorne. Die Waffe war jetzt eingestochen. Die leiseste Berührung des Bügels würde den Schuss hinausschicken. Und wieder kroch das dunkle Insekt Halvards Rücken entlang, krabbelte hin und her, fand Stellen an denen es verweilen wollte. Wurde von Hagen weitergeschoben. Dann plötzlich hob der Kleine den Oberkörper und drehte sich herum.

«Paaap!», schrie er, als er von drüben auf die Mündung blickte. Der kleine Käfer wanderte auf Halvards Brust und blieb sitzen. Der Schrei erreichte Hagen und wickelte sich um ihn wie eine lange Peitschenschnur. Paaap, dachte er, lieber Himmel, jetzt bloß nichts spüren. Bloß jetzt nichts spüren. Ich kann sonst nichts mehr für dich tun. Und Hagens rechte Fingerspitze wanderte nach hinten, bis der Schuss brach.

Auch in der Helligkeit der arktischen Nacht war das Mündungsfeuer gut sichtbar. Der Junge wurde auf den Rücken gewor-

fen wie von einem Hammerschlag. Pulverrauch stand in der Luft. Hagen schmeckte seinen scharfen Geruch. Halvard rollte einmal um seine eigene Achse. Über Kimme und Korn beobachtete Hagen ihn. Der Kleine lag reglos auf dem Bauch mit verkrampften Gliedmaßen. Wie bei den Robben. Wenn der erste Schuss sie nicht umbringt, haben sie diese Schocklähmung, dachte Hagen bei sich. Er stand und wartete, verspürte eine endlose Stille in sich. Er wartete endlos. Dann hob der Kleine den Kopf und schrie aus allen, letzten Leibeskräften. - So hat er geschrien, als er sich mit drei Jahren die Finger in der Schranktür geklemmt hatte, sagte Hagen zu sich selbst. Er fixierte den Kleinen wie ein Stück Wild. Ein letztes Mal hob Halvard sein wächsernes Gesicht und drehte sich panisch seinem Vater zu. Alle jungen Säuger flüchteten sich zu ihrem Leittier, selbst wenn sie von diesem misshandelt wurden. Halvards Augen wirkten blind durch das Zielfernrohr. Wahrscheinlich brach eben sein Kreislauf zusammen. «Paaaaaaaap!»
Sein weinender Schrei vermischte sich mit dem Krachen des zweiten Schusses, dann lag er auf dem Rücken. Sein Gesicht fiel zur Seite. Zur abgewandten Seite. Er schaut mich nicht an, sagte Hagen sich. Er schaut weg von mir. Ab jetzt schaut er für immer weg, wenn er mich sieht. Plötzlich hob Halvard den Kopf und wandte sich ihm zu. Seine brechenden Augen richteten sich auf seinen Vater, groß, gläsern, fragend, verständnislos. Das kleine Gesicht fiel mit der Wange auf das Eis und sein letzter Blick bohrte sich in Augen und Herz Hagens. Als würde jemand durch ein kleines Gummiseil in Halvards Körper schneiden, wurde sein Leib schlaff und schmiegte sich flach auf den Untergrund.

Sekundenlang hatte die Arktis allen Atem in sich gehalten. Nun aber tat der Fels sich auf. Die Vögel, eben noch besorgt verstummt, erhoben die Stimmen. Ihr Geschrei, berstend von wütenden Anschuldigungen, brach aus allen Felsritzen hervor, und es stürzte von allen Seiten über Hagen herein. Ein kurzes Aufschäumen tierischer Erregung, dann schlossen die Schnäbel sich wieder. Die Arktis breitete ihr Schweigen über die Szene, das nun vor allem Eines signalisieren sollte: ihre völlige Interesselosigkeit gegenüber dem Geschehenen.

Hagen war auf das linke Knie gesunken. Auf seinem rechten Knie ruhte der Kolben des Gewehrs, der Lauf wieder himmelwärts weisend, und gegen den Kolben mit seinem dunklen Fischgrätenmuster lehnte Hagens Gesicht. Seine Augen waren geschlossen. Zwischendurch öffnete er sie, und dann sah er Halvard auf dem Rücken liegen. Grau und wächsern wie der Himmel. Gleich schloss er die Augen wieder, und wann immer er dies tat, sah er, wie die Teile aus Halvards Rücken flogen. Hagen kniete und wusste, dass die alles befreiende Lust des Tötens, des Endlich-wieder-einmal-getötet-Habens, sich diesmal nicht bei ihm einstellen würde.

Zivilisierte hatten kein Gefühl mehr für den Wert des Tötens. Sie verachteten es als barbarische Tätigkeit, fühlten ausschließlich mit der Beute, in der brüderlichen Verbundenheit aller Opfer, weil sie selbst nicht mehr bereit waren, zu Tätern zu werden. Sie kannten nicht das besondere Gefühl, das es bedeutete, vor einem Liegenden zu stehen. Die innere Leichtigkeit, als seien alle Schleusen auf schwerelosen Durchfluss gestellt. Das Alte, Immerwährende, was der tiefsten Natur des Menschen entsprang, wo es stets verborgen war, und stets aktiv. - - Es war das Töten, was die Echten von den Zivilisierten abgrenzte. Hagen wusste nicht viel von der Welt. Stets hatten die Objekte seiner Bildung sich auf Hydraulikbremsen, Schmiernippel und Pleuellager beschränkt. Doch er wusste instinktiv, dass Gemeinschaften nur dort intakt waren, wo noch unbeschwert getötet wurde. Mit der gleichen Selbstverständlichkeit, mit der gegessen, getrunken, gezeugt, gestorben und geschissen wurde. Wo man Hammelhälse aufschlitzte oder Hühnerkehlen, die Schwarte eines Schweins oder den Bauch eines Rentiers. Maßvolles Töten war gesund, so gesund wie jeder maßvolle Genuss. Auf seltsame Weise vereinigte es den Menschen mit der ihn umgebenden Natur und verlieh ihm eine Würde, die den Städtern fehlte. Menschen, die regelmäßig töteten, waren meist erfrischend gradlinig und von einer tiefen bäuerischen Anständigkeit. Die Entgleisung begann erst dort, wo Einzelne begannen, wahllos zu töten. Dort fing Vermessenheit an, die uralte Substanz zu überwuchern. Wurde die Wucherung zu groß, begannen sie, Menschen zu töten. Damit überschritten sie eine Linie, die mit der Entwertung ihres Opfers schlagartig auch sie selbst entwertete. Hagens Verstand wusste nicht um all diese Dinge. Aber bisher war er Teil jener Gesamtheit der ehrlich Tötenden gewesen, deren Zugehörigkeit ihm stets das Gefühl gegeben hatte, einer der Besseren zu sein.

Solveigs Leidenschaft für Fernsehabende hatte er nie geteilt. Ihre Leidenschaft für die nachgespielte Tötung von Menschen auf einem flimmernden Bildschirm und die anschließende Reduktion des Geschehens auf einen oder zwei Bösewichte, was sie als «spannend» bezeichnete, hatte ihn stets angeödet. Er war immer ein Freund der Wirklichkeit gewesen, - und diese bestand aus dem echten unruhig stöbernden Instinkt, dem magischen Hinausdrängen unter den Himmel, dem Erspähen, raubtierhaftem Erwachen, plötzlichem Zittern vor Erregung und dem Knallen eines Schusses, der nichts anderes bedeutete, als das schnelle, katzenartige Aufspringen auf die Beute. Und den tödlichen Nackenbiss, an dessen Stelle die Kugel das unsichtbare Gummiseil im Leib des Opfers durchtrennte, um es vom Wesen zur Sache zu befördern. - Das war es stets gewesen: Der Sieg über ein untergeordnetes Leben, dessen Hülle man sich unbeschwert bemächtigen konnte, sobald es selbst daraus gewichen war.

Solveigs Verachtung für ihn, den aufrecht Tötenden, war nicht minder echt gewesen.
Wenn sie es herausfinden, werden sie mich vor Gericht stellen, dachte er, sie und ihr Papierfresser. Sie werden sagen, dass ich mich an ihr rächen wollte. Das Kind war ihm immer ziemlich egal, wird sie sagen. - Aber dass er so weit geht ...
Das Eis unter ihm knirschte, dann brach ein kleines Stück davon auf der Halvard zugewandten Seite ab. Es maß die Größe einer Tischplatte, setzte sich in Bewegung wie ein Bote, der eben seine Meldung aufgenommen hatte, begann plötzlich, sich im Kreis zu drehen, vollführte anderthalb Umdrehungen, blieb quergestellt und driftete so den Fjord hinaus. Hagen schaute ihm verloren hinterher. Die See war grau und stählern, und irgendwie schien Bewegung in sie gekommen zu sein. Sie hatte eben wieder gefressen. Und jetzt verdaute sie.

Widerstrebend wandte Hagen sich erneut der Leiche auf der anderen Scholle zu. Oft hatte er beobachtet, dass das Gesicht eines toten Tieres sich innerhalb von fünfzehn bis zwanzig Minuten nach der Tötung veränderte. Jedes Tier hatte sein individuelles Gesicht, auch wenn sie sich letztlich alle ähnlich sahen. In den Minuten nach dem Tod aber veränderten sich die Züge, vereinheitlichten sich in gewisser Weise. Was das Individuelle des Charakters ausmachte, entwich. Was blieb, war die Hülle, die den Charakter einstmals geborgen hatte. Die Persönlichkeit jedoch hatte sich, nur Minuten nach der Tötung des Körpers, aufgemacht und war entwichen wie Gas. Wenn es so war, hatte Hagen manches Mal überlegt, dann war die Seele nicht an den Leib gebunden und sie überlebte ihn spielend. Allerdings war sie, allem Anschein nach, außerstande, in einem abgetöteten Leib über längere Zeit zu verharren. Hagen war es auf seinen Streifzügen oft so vorgekommen, als sei die Seele ausgezogen, empört über die vorzeitige Zerstörung ihres Wohnbereiches. Er hatte es als unvermeidlich akzeptiert, so wie man bei einem Haus die Störung seiner Bewohner in Kauf nahm, wenn man es abzureißen begann. Wenn es aber so war, wie er beobachtet hatte, dann verlor ein Körper mit seiner Tötung nicht seine Seele, sondern nur seine Individualität, während auch das größte Geschoßkaliber einer intakten Seele nichts anhaben konnte. - Wie es bei kranken oder kaputten Seelen ablief, wusste Hagen nicht. Vielleicht krochen sie ja mit letzter Kraft aus dem Körper, um sich, geschwächt wie sie waren, daneben nieder zu legen. Hagen hatte sich viele Gedanken darüber gemacht: Ob diese Seelen heimatlos wurden. Ob sie vielleicht versuchten, in andere Körper zu dringen und deren Stammbewohner hinauszusetzen. Ob sie zu Räuberseelen wurden oder zu hilflos schwachen Angstseelchen, die keiner mehr ernst nahm, weil sie nichts mehr besaßen und nirgends hingehörten. Ob sie über das Eis schlichen und wütend auf ihn waren. All die Seelen, die er eines Fells oder einiger Filets wegen hinausgejagt hatte in die Kälte. Vielleicht umkurvten sie ihn jetzt. Vielleicht war Halvard schon unter ihnen. Vielleicht fielen sie auch gerade über Halvard her, schließlich war er der Sohn des Jägers, an dem sie nun Revanche zu nehmen vermochten. Was da drüben jedoch lag, war nicht mehr sein Sohn, sondern ein zerschossener Körper. Irgendein Körper.

Erst jetzt wurde Hagen bewusst, dass er Halvard für immer verloren hatte. Und er erkannte, dass dieser sich nicht anders verhielt, als all die anderen Wesen, denen er das Leben genommen hatte: Er verging unter seinen Augen. Minuten lang bohrte Hagen seinen Blick in Halvards Gesicht, nur um zu beobachten, wie es sich seiner Züge entkleidete und zu einer fremden Wachsmaske wurde. Obwohl die Veränderung nicht festzuhalten war, vollzog sie sich unaufhaltsam, und die Entfremdung zwischen den beiden - vorher war es nur Fremdheit aus Scheu gewesen - wurde nun endgültig. Das da, erkannte Hagen, war nicht mehr Halvard. Denn er besaß nichts mehr von dem, was ihn in Hagens Seele abgebildet hatte. Der Schmerz, der Hagen nun befiel, war unsäglich. Er bohrte sich von innen nach außen und war für Hagens Fäuste nirgends zu packen. Der alte Asbjörn hatte ihm einmal aus Versehen eine Schrotladung in den Pelz gejagt, als sie auf Schneehühner gegangen waren. Hagen hatte den Schmerz gefühlt und ihn sich unterworfen, indem er sich mehr als zwanzig kleine Kugeln, die seine Kleidung durchdrungen hatten, wieder mit bloßen Fingern aus dem Fleisch gedrückt hatte. «Harter Hund!», hatte Asbjörn damals gesagt, und Hagen war stolz darauf gewesen. Die Wunden hatten Tage danach geeitert, weil er sie mit schmutzigen Fingern berührt hatte. Aber dazu gab es Ärzte, und bald war Hagen wieder obenauf, auch wenn er bisweilen den Eindruck hatte, Solveig blicke angewidert auf seine zerstanzte Schulterpartie.

Hagens Sohn war tot.

Der Schmerz fraß sich mitleidlos von innen nach außen. Das war das Schlimmste. Dieses Gefühl von Nacktheit vor sich selber. Dieses verdammte Gefühl, nichts tun zu können und einfach nur aushalten zu müssen. Hagen erinnerte sich, wie er sich vor der Front des Negrigletschers einmal ausgezogen hatte bis auf die Unterhosen. Er war zu dick angezogen gewesen, und der Körperschweiß hatte sich in seinem Pullover gesammelt. Als dieser nassgeschwitzt war, sammelte die Feuchtigkeit sich zwischen den Schichten seines Polaroveralls, wo der Fahrtwind sie innerhalb von Minuten in tausende kleiner Eiskügelchen verwandelte. Es hatte sich angefühlt wie ein Beutel mit Kochreis, nur um Vieles tödlicher. Hagen hatte gefroren wie ein Hund, blanke, hilflose Kälte. Binnen Minuten hatte er gewimmert. Das Teuflische daran war gewesen, dass die Kälte ihm augenblicklich den Verstand geraubt hatte: Zweihundert Kilometer von der Zivilisation entfernt, alleine auf der Eisdecke stehend, war ihm seine ganze Routine entglitten, und er war nur noch fiependes Elend geworden. Erst im letzten Augenblick besann er sich, dass er in seiner Ersatzgarnitur einen Körperschutz-Overall mit sich führte, der ihn hinreichend gegen die Kälte isolieren würde. Er riss ihn aus dem Plastiksack, am ganzen Körper schon von Frost geschüttelt, zog sich bei minus fünfundzwanzig Grad bis auf die Unterhose aus und flüchtete sich panisch in den sogenannten «Varmedress». Dann zog er sich hektisch wieder an, während er verspürte, wie die Kälte mit jeder neuen Kleidungsschicht weiter draußen blieb. Für eine kurze Spanne seines Lebens war er einer speziellen Art von Schmerz ausgeliefert gewesen. Jetzt, vor der Leiche der Jungen, erlebte er das Gleiche wieder.

Kälte konnte brennen. Jetzt verbrannte sie ihn. Hagen spürte, wie seine inneren Organe taub und spröde wurden, wie sein Herz immer schwerer gegen den ansteigenden Frost in ihm anschlug. Sein Blut wurde immer dickflüssiger, und sein Atem immer verquollener. Hagen wollte schreien, aber er konnte nicht. Er wollte aufheulen, aber seine Stimmbänder blieben hart. Er wollte weinen, aber Eisklumpen verstopften seine Tränenkanäle. Er sank in sich zusammen und streichelte wortlos den Schnee, auf dem vor Stunden noch Halvard gestanden hatte. Unruhig witternd suchte er auf der Schneedecke umher. Er erkannte Halvards Stiefelabdrücke. Bei weitem nicht so tief wie seine eigenen. War es nicht das Vorrecht der Kinder, leichtfüßig zu sein? Habe ich ihm jemals erlaubt Kind zu sein? Habe ich ihm eine Kindheit gegeben oder eine Ausbildung zum Erwachsenen? - - Verdammt noch mal, antworte mir, sagte Hagen zu sich selbst, hast du ihm eine Kindheit gegeben?

Ängstlich wandte er sich dem Leichnam zu. Das Eis quietschte leise, die Vögel schrien, und auf einmal schrie alles in ihm und an ihm und um ihn, und Hagen ertrug das Schreien nicht mehr. Taub an allen seinen Sinnen stand er auf und wankte zu seinem

Schlitten. Rickrack, die letzte Patrone schnellte in die Kammer. Auch der Stahl war gefroren, als Hagen sich die Mündung zwischen die Zähne schob.

Blöder Blick nach unten. Stahl zwischen den Zähnen hat nichts Heldenhaftes, sondern nur etwas Umständliches. Das Korn kratzte über Hagens Oberlippe, und die Mündung stieß grob gegen seinen Gaumen, während seine Augen den Stahl entlangwanderten. Über die Kimme hinweg zum Zielfernrohr. Das glotzte kalt zurück, und in seiner Mitte wurden die drei senkrecht gegeneinander stehenden Zielstachel sichtbar. - Komisch, dachte Hagen sich, jetzt nehm' ich mich also selbst ins Visier. Aus seinem abwärts weisenden Mund entwich der Speichel und begann den Lauf entlang zu laufen. Er kam nicht weit, bevor er gefror. Links neben dem Gewehrschloss glänzte schwarz und bösartig der Kammerstengel. Rickrack, dachte Hagen sich, und du bist hinüber. Sein Blick wanderte den Schaft entlang und landete in dem zertrampelten Schnee darunter.

Wie macht man sowas, dachte Hagen sich, ich habe immer nur auf andere geschossen? Er drehte das Gewehr so, wie ein Waidmann es hielt, das Zielfernrohr obenauf. Durch einen Riss in der Wolkendecke brach ein Sonnenstrahl. Er fiel auf die Linse, und der gleißende Reflex stach Hagen in die Augen. Mit einem unwirschen Laut kniff er die Lider zusammen. Schnell drehte er die Büchse neunzig Grad um ihre Längsachse. Der Blendstrahl verschwand, doch jetzt versperrte der Trageriemen ihm den Blick auf den Abzug. Mit fliegenden Fingern beugte er sich vornüber, um den Abzugsbügel zu erreichen. Die Mündung rammte schmerzhaft gegen seine Gaumenplatte. Hagen nahm den Lauf aus seinem Mund und verharrte einen Augenblick. Er ärgerte sich, kam sich ungeschickt vor, wie ein Trottel. Fragte sich für einen Augenblick, wie er Halvard angeblafft hätte, wenn es dem passiert wäre.

Vielleicht klappt es nie beim ersten Mal, dachte er sich. Es gibt Dinge, die klappen eben nicht, und diese Einsicht war neu für ihn. Neu war auch, dass der Tod so schwer zu kriegen war, wenn er einem noch nicht zustand. Hagen hatte sich nie Gedanken darum gemacht. Wenn die Kugel rausging, war Schluss, dazu hatte man sie schließlich. Er hatte die Büchse vor sich in den Schnee gestellt, hielt sie mit beiden Händen, fand Halvards verwischte Fußspuren im Schnee. Der Stahl biss ihm in die Hände, und er spürte deutlich, dass er noch lebte. - Schon wieder vermurkste er einen Job, es war zum Wahnsinnigwerden. Leer wie nie in seinem Leben lehnte er die Stirn gegen den kühlen Lauf.
«Oklahoma», sagte er. «In Oklahoma warten sie.»

Mit einem Ruck hob er die Waffe wieder gegen sich. Ganz sacht stülpte er seine Lippen über die Mündung. So hatte er Solveig geküsst, als sie - ihr rotes Haar ein wirrer Strahlenkranz auf dem Kissen - mit feinem Lächeln schlief. Am Abend, bevor der Scooter die Nacht zersägt hatte und den letzten Rest von Hagens Verständnis für das Leben. Der Lichtstrahl aus dem Okular blendete ihn erneut, und während er die Waffe aus der Sonne zu drehen versuchte, sah er durch das Fernrohr Halvards verkleinerten Absatzabdruck im Schnee. Die Mündung wanderte tiefer. Hagen zitterte so, dass seine Hand nicht mehr den Abzug fand. Krampfhaft und immer schwerer atmend umklammerte er den Lauf. Mit der Linken versuchte er, seine rechte Hand den Schaft hinab zu führen. Aber sie wollte nicht. Hagens Linke schob sie nach unten, doch zitternd und widerstrebend fand sie immer wieder den Weg nach oben. Schließlich kniff er sich in die Hand. Seine Rechte sank kraftlos hinab. Er reckte sich, um den Abzugsbügel zu ertasten. Zwei Kilopond betrug der Abzugswiderstand, den er überwinden musste. Er presste den Daumen auf den Bügel, doch von der anderen Seite schien jemand dagegen zu pressen. Hagen presste stärker, jedoch der Andere presste auch stärker. Er verkrampfte sich so sehr, dass er mit dem ganzen Gesicht nach unten drückte, bis der Lauf ihm in den Schlund fuhr. Würgend fuhr Hagen zurück. Der Würgreiz trieb ihm Tränen in die Augen, und nach Luft japsend spuckte er auf den Boden.

Nach einiger Zeit beruhigte er sich. Er lehnte die Waffe gegen seinen Oberschenkel und fragte sich bedrückt, warum es so schwer war. Seine Frau war mit diesem Typ in Oklahoma. Auf der Nachbarscholle lag das Kind, von ihm erschossen. Er selbst trieb auf einer immer kleiner werdenden Scholle auswärts. Und selbst wenn er von dieser hier herunterkam - wonach es nicht aussah - dann würde er für den Rest seines Lebens auf einer Scholle auswärts treiben. Hagen war in die Enge getrieben. Sein Leben hatte sich in jeder Hinsicht auf die Größe einer Scholle reduziert. Und während er erst langsam den Verlust seiner Freiheit zu begreifen begann, begann sein Hals trocken zu werden. Er griff sich eine Handvoll Schnee und schluckte ihn. Der brannte in seiner wunden Mundhöhle, und als er ihn ausspuckte, hatte er sich rot gefärbt.

Hagen spürte, es geschah etwas mit ihm, was er so nicht kannte. Sein Körper, der ihm stets gehorcht hatte, verweigerte ihm den Dienst. Seine Finger wollten nicht dorthin, wo er sie haben wollte. Und sein Leib, der von innen her immer kräftiger geschüttelt wurde, benahm sich, als sei er nicht mehr der seine. - Hagen hatte Angst.

Er wollte hinaus aus dem Leben, bevor es ihn immer unerbittlicher selbst hinausschob. Zugleich aber wollte er sein Leben auch ganz fest halten, und die Anspannung, die sich aus seinen widerstreitenden Wünschen ergab, riss ihn fast entzwei. Mit gehetzten Zügen, von niemandem außer sich selbst getrieben und einer plötzlichen, allumfassenden Ratlosigkeit, griff er erneut nach der Waffe, um es hinter sich zu kriegen. Er drehte sie im rechten Winkel, so dass das Zielfernrohr nach links abkippte und ihn nicht blenden konnte. Der Tragegurt hing über den Abzugsbügel, er schob ihn mit festen Fingern zur Seite. Oklahoma, dachte er sich. Ich komm mit dir nach Oklahoma, Bursche. Klarer Fall. Dieses Mal würde er professionell vorgehen, wie ein Jäger. Er wandte den Kopf ganz leicht nach hinten: Der Schuss sollte gerade aus dem Lauf heraus ins Stammhirn gehen, sicherste Methode. Er hatte wenig Lust, waidwund geschossen mit halbem Schädel auf dem Eis zu liegen. Als er den rechten Zeigefinger auf den Abzug legte, spürte er erneut den Gegendruck der Zugfeder. Vorsichtig schob er seine Fingerkuppe hinter den Bügel und zog ihn nach vorne, bis er einrastete. Die Waffe war jetzt eingestochen, wie es in der Jägersprache hieß. Man nützte diese Technik, um durch das Abdrücken den Lauf nicht zu verreißen. Jetzt brauchte er den Abzugsbügel nur noch ganz leicht zu berühren. Der würde zurückschnellen, der Schlagbolzen würde nach vorne schnellen und den Rücken der Zündkapsel eindrücken. Die Zündladung darin würde sich durch Druck und Reibung des Aufschlags erhitzen und Feuer fangen. Das Feuer würde durch das Zündloch auf der anderen Seite hinausjagen und einen winzigen Brandkeil in die Pulverladung treiben, die daraufhin blitzschnell abbrannte und ihr Volumen auf das Tausendfache vergrößerte. Der so entstandene Gasdruck würde das Geschoß lockern und die Hülsenränder aufbiegen, so dass es ganz hinaus konnte. Das Geschoß würde wie ein Blitz in den Lauf hineinschnellen, wo die eingearbeiteten Züge es in eine schnelle Linksrotation versetzen würden. Es würde direkt aus dem Lauf in seinen Mund hineinjagen, die Gaumenplatte durchschlagen, sich dabei aufpilzen, sein Gehirn zerreißen, die Schädeldecke abreißen, während die nachfolgende Gassäule seinen Kopf explodieren ließ und über das Eis verstreute. Vielleicht würde etwas hinüberfliegen zu seinem Sohn. Vielleicht würde er wenigstens so noch hinüberkommen zu ihm. Vielleicht würde aus seinem zerberstenden Schädel seine Seele schnellen, von der Wucht des explodierenden Hauptes so weit in die Höhe gerissen, dass sie mit etwas Rudern durch die Luft nach drüben gelangte. Hagen wollte bei Halvard sein.

Seltsam, wie ruhig seine Hand war. Er hatte das Gefühl, zu vibrieren, doch sein Zeigefinger stand so unbeweglich wie ein stählerner Abzugsbügel. Sein Rücken schmerzte, sein Nacken wurde steif, wahrscheinlich lag es an der ungewöhnlichen Körperhaltung. Schließlich saß er ganz verbogen. Mit glasigen Augen starrte Hagen auf die Linse des Zielfernrohrs. Von der anderen Seite her hatte er hunderte Male hindurchgesehen. Urplötzlich begann er sich zu fragen, wie die auf der Vorderseite sich gefühlt haben mussten. Die Vögel, die er vom Himmel geholt hatte. Die Polarfüchse, die zutraulichen kleinen Kerle, die sich so leicht erschießen ließen, weil sie immer so neugierig auf Menschen waren, dass sie nichts Böses von ihnen erwarteten. Die Robben, die ihn über ihre gespreizten Barthaare hinweg wohlwollend gemustert hatten. Die Bärin, die voller Wut in seine Hütte eingedrungen war, während er schlief, und der er nur entkam, weil er seinen Revolver neben das Kopfkissen gelegt hatte. Das niedliche Bärenjunge, das weinend vor der Hütte kauerte, und dem er aus kurzer Distanz ins Gesicht geschossen hatte. Hagen hatte niemals Probleme gehabt zu töten. Es war immer ein selbstverständlicher Teil seines Kreislaufs gewesen. Allerdings hatte er nie damit gerechnet, einmal selbst Teil des Kreislaufes zu werden.

Sonderbar. - Ob sie Angst gehabt hatten? Waren sie überrascht gewesen? Enttäuscht darüber, dass er ihre Natürlichkeit so gefühllos ausgenutzt hatte? Hatten sie etwas gespürt? Hatten sie so etwas wie Gefühl? Hatte eigentlich er so etwas wie Gefühl?

Immer noch saß Hagen über sein Gewehr gebeugt. Der kalte Stahl im Mund zerfraß ihm die Lippen, sein Gaumen blutete und ließ eine dunkle Schmierspur den Lauf entlang rinnen. Wenn das Zeug in den Lauf hineinlief, explodierte der ihm hinterher beim Schuss. Sein Nacken wurde härter und härter. Es schmerzte alles immer mehr, und es war alles sehr unbequem. Dass man dabei nicht schön aussieht, war mir klar, dachte Hagen sich. Aber dass man dabei einfach nur dämlich wirkt ...?

Noch immer starrte er auf den Abzugsbügel. Sein Finger stand darüber wie ein Stahlstift und war nicht zu bewegen. Manche Leute werden vor Angst hysterisch und dann am ganzen Körper steif, dachte Hagen sich. Bin ich auf einmal hysterisch? Ich habe nie Angst gehabt, beruhigte er sich. Mein ganzes Leben lang habe ich nie Angst gehabt. Wo soll jetzt auf einmal die Angst herkommen? Ich habe keine Angst, sagte er sich, und von seiner Stirn fielen zwei große Schweißtropfen in den Schnee.

Verstört blickte Hagen auf die zwei kleinen Löcher, die sie in den Schnee fraßen. Ihm war, als hätte er ihren Aufschlag gehört. Es geht nicht, dachte er sich leise. Ich will es, aber auf irgend eine Weise geht es nicht. Seine Finger krampften sich in den Lauf, als er, plötzlich energielos geworden, vornüber sank. Seine linke Schläfe verspürte den eisigen Stahl. Seine linke Hand berührte die Halterung des Zielfernrohrs. Seine Stirn lag dort auf, wo der Lauf in den hölzernen Schaft überging. Seine Rechte stützte Schaft und Stirn. Sein Herz saß links und rumorte. Irgendwie gelingt mir auf einmal nichts mehr, dachte Hagen. Gar nichts mehr. Hoch über ihm schrien ein paar Ringelgänse. Sie flogen in Keilform in den Fjord hinein. Viel zu früh, dachte Hagen. Der Frühling kam viel zu früh und konnte nicht mehr weit sein.

Wieviel Uhr haben wir jetzt in Oklahoma? Er wollte nicht auf seine Uhr schauen, doch wenn man acht-neun Stunden Zeitverschiebung rechnete, musste es dort jetzt Abend sein. Er kommt nach Hause und fickt sie, dachte Hagen sich. Unwillkürlich fuhr er in die Höhe. Da drüben liegt mein toter Sohn, von mir erschossen, und er steigt gerade auf meine Frau. Dann geht er hinaus in den Wald und schießt ihr was, und bei ihm freut sie sich, irgendwie, aus irgend einem Grund. Und ich hab‘ ihr Kind umgebracht. Etwas übermannte ihn, was ihm nur kurz das Wasser in die Augen trieb, dann schluckte er es zurück und ließ, leer geworden, die Stirn auf den Lauf sinken. Die Mündung bohrte sich in seine Nasenwurzel, genau zwischen die Augen. Sie ist immer noch eingestochen, dachte er sich. Ich muss nur an den Bügel kommen oder sie einmal hart aufsetzen, und sie pustet mir den Kopf weg, ohne Probleme. Aber das Ding geht einfach nicht los, und ich alleine bin zu schwach dazu. Wahrscheinlich bin ich einfach zu müde. Der Stahl war so kalt, dass ein Stück seiner Haut daran hängen blieb. Er drückte die Mündung fester gegen seine Stirn. Das Zielfernrohr glotzte ihn genauso stumpf an wie vorher. Instinktiv kniff er ein Auge zu, aber er fand das Ziel nicht. Komm, Junge, lass uns nicht länger warten. Seine Hand fuhr energisch den Schaft entlang und griff nach dem Abzugsbügel. Dann riss er, in plötzlich aufbrausendem Zorn, die Waffe hoch und schleuderte sie von sich. Sie schraubte sich in die Luft empor, drehte sich um ihren eigenen Schaft mit der Mündung gegen ihn, machte einen hohen Bogen, flog weit über das Wasser und schlug klatschend in das graugrüne Nass, wo sie augenblicklich versank. Die Arktis blieb still.

Ausgebrannt blickte Hagen auf den kleinen Strudel, der sich über der versinkenden Waffe gebildet hatte und schon nach wenigen Sekunden verschwand. Dann ließ er die Arme hängen und starrte über die Wasserfläche. Die Scholle mit Halvards Leichnam war weitergetrieben. Im matten Schein des Gegenlichts war nur noch ein personenloser dunkler Körper erkennbar. Da treibt mein Kind davon, dachte Hagen sich, und seine Seele blieb seltsam tonlos. Er wandte sich ab, wanderte langsam zu seiner Maschine zurück und setzte sich. Das Wasser um ihn herum war ruhig. Die Scholle, auf der er sich befand, wirkte bewegungslos. Die Vögel schwiegen. Doch als er hinter sich blickte, sah er, dass weitere kleine Eisstücke sich vom Rand des Packeises gelöst hatten und hinter ihm her trieben. Ich brauche Hilfe, dachte Hagen. Warum hilft mir denn niemand?

Im Abstand von einer halben Stunde schoss er seine letzten Leuchtraketen in den Himmel. Sie fauchten aufwärts, eine weiße Schmauchspur hinter sich ziehend. Irgendwann, wenn sie oben waren, schienen sie einen Augenblick zu verharren. Dann glühte eine rote Leuchtkugel auf, stand für wenige Sekunden reglos in der Luft und schwebte in einem eleganten Bogen abwärts. Lautlos. Zwanzig Meter über dem Boden erloschen sie. Hagen folgte jeder Flugbahn mit Blicken, die seine Angst nicht mehr zu verschleiern vermochten. Seine Augen hatten sich eingehakt wie mit einem Karabinerseil und bewegten sich mechanisch hinter den zischenden Leuchtkörpern her, die ebenso schön wie wirkungslos den Himmel durchschnitten. Jedes Mal wenn das Fauchen erstarb und die Stille wieder über ihn herfiel, lauschte er panisch in die Ferne, ob jemand antwortete. Mit einem Schuss vielleicht. Oder mit mehreren Schüssen. Oder auch mit einer Rakete. Aber niemand antwortete. Kein Schuss, Hagen. Keine Rakete. Nur Stille, immer nur diese verdammte Stille, in der er früher zuhause gewesen war. Die ihn jetzt nicht mehr haben wollte. - Genau wie bei seiner Frau: Von seiner Seite aus hatte sich nichts geändert. Aber plötzlich hatte sie ihm den Rücken gedreht. - Es muss an mir liegen, stieg es in Hagen auf. Irgendwie muss es an mir liegen.

Ich habe kein Gewehr mehr, dachte Hagen. Meine alte Büchse, mit der ich mein ganzes Leben verbracht habe. - - - Nur ich bin noch da. Aber das kann sich ja ändern. Ein lauter Knall schreckte ihn hoch. Ein Schuss? - Kein Schuss. Weit hinter ihm hatte das Eis sich bemerkbar gemacht. Vom Packeis der Bay war eine neue Scholle losgebrochen, die breit wie ein Fußballfeld ihre gespenstische Fahrt aufnahm. Wenn sie näher kommt, kann ich vielleicht übersetzen, überlegte Hagen. Dann lebe ich vielleicht länger. Oder sie treibt direkt ans Land. Oder auch nicht. Mit einem trockenen Knall, fast wie ein Sektkorken, brach ein kleines Stück von seiner eigenen Scholle ab. Nicht groß, vielleicht so groß wie ein Schreibtisch. - - Gleich geht das aber los hier, sagte sich Hagen stoisch. Aber nichts ging los. Die kleine Schreibtischplatte blieb einfach neben ihrer Mutterscholle liegen wie ein Beiboot, als hätte sie keine Lust sie zu verlassen. Drüben auf Halvards Scholle blieb alles ruhig. Gottseidank, dachte Hagen, Gottseidank. Dass wenigstens dem Jungen nichts passiert! Der lag jetzt mit dem Rücken zu ihm. Sein Begräbnisfahrzeug musste sich zwischenzeitlich gedreht haben.

Was passiert eigentlich, wenn die große Scholle nicht kommt und die hier immer kleiner wird, fragte er sich.

Er ertrug den Blick auf den toten Rücken nicht länger, und wie betrunken wanderte er zum anderen Ende seines schwimmenden Gefängnisses. Dort setzte er sich müde an den Rand des Eises und starrte auf das Wasser. Er war so nahe daran, dass er die Füße hätte baumeln lassen können. Eine Müdigkeit, so schwer wie die Felsblöcke am Uferrand, versuchte ihn hinabzuziehen, und er versuchte, sich ihr entgegen zu stellen. Langsam wie ein Kahn, den niemand ruderte, trieb er den Fjord hinaus. Er bemerkte es nur daran, dass das weit draußen liegende Nordufer sich jedesmal fjordeinwärts geschoben hatte, wenn er traurig aufblickte. Die meiste Zeit allerdings verschränkte er die Arme über den Knien und ließ seine Stirn darauf ruhen. Ziellos suchten seine Augen den Flecken Schnee ab, der sich zwischen seinen geöffneten Schenkeln auftat. Als er wieder aufblickte, sah er eine kleine weiße Scholle, die zügig wie ein Brustschwimmer den Fjord hinauseilte. Sie schwamm ganz nahe an ihm vorbei, keinen Meter von ihm entfernt, und ihm war, als strebte sie mit kräftigen Stößen voran. So zielstrebig wie sie hinausglitt, erinnerte sie ihn an einen jungen Eisbären, der voller Lebensmut das Wasser durchpfeilte. Hagen starrte ihr hinterher.

Erst allmählich begriff er, dass der Frühling hinter seinem Rücken schon das ganze Eis überwältigt hatte. Ohne Vorwarnung war er in den Fjord gedrungen und hatte angefangen das Packeis anzunagen wie ein Aasfresser. Wie die Polarfüchse, die sich an die Rentiere heranmachten, die den Winter über krepiert waren. Sie hatten gut damit zu tun, denn der Winter erledigte bis zu siebzig Prozent der Rentierpopulation, und nur die Stärksten kamen durch. Eigentlich, sinnierte Hagen, war es nur eine Minderheit, die im Leben durchkam. Die anderen blieben unterwegs hängen. Und diejenigen, die durchgekommen waren, stellten auf einmal fest, dass sie alt waren. Und waren doch stets nur damit beschäftigt gewesen zu überleben. Sie hatten nichts davon, denn wenig später holte es sie auch.

Von der Eiskante weit hinter ihm kamen mehr und mehr Schollen angeschwommen, kleinere und größere. Fast wie ein Schulausflug. Beinahe machten sie auch denselben Lärm: Sie stießen klackend gegeneinander, rammten übermütig gegen sein großes, schweres Schiff und huschten dann feixend und klickernd davon. Kinder, dachte Hagen. Am mitleidlosesten waren sie immer mit den Leidenden. Bilder stiegen in ihm auf, wie er als Schüler, zusammen mit ein paar Kumpanen, auf dem

Dorfpostamt einen Asthmatiker provoziert hatte: Der Alte hatte pfeifend und japsend nach einer Briefmarke verlangt, und Hagen hatte ihn ebenso pfeifend und japsend nachgeäfft. Der kranke Mann hatte nur dagestanden und ihn angesehen, in seinem Blick etwas Verzweifeltes, was Hagen damals noch nicht begriff. Dann keuchte er mit schleppenden Schritten hinaus, Hagen und seine Meute hinter ihm her. Der Alte tat das einzig Richtige - er ignorierte sie, so dass sie nach einiger Zeit gelangweilt von ihm abließen. Hagen hatte nicht damit gerechnet, dass Synnöve Rundstedt, der Schalterbeamte, in der Zwischenzeit seinen Vater angerufen hatte. Als er nach Hause kam, drosch der ihn windelweich, bis er sich mit vollgepissten Hosen auf den Dielen des Küchenbodens kugelte. Es war früher Nachmittag gewesen, und sein Vater erlaubte ihm erst am Abend, die nassen Hosen zu wechseln. Bis dahin hatte sich die Haut an seinen Oberschenkeln entzündet, und das ganze Haus stank nach halbwarmer Pisse. Der alte Hagen, beide trugen sie denselben Vornamen, war ein wortkarger Mann, der auch während der Drescherei nur das Notwendigste geredet hatte. Hagen musste zwei Nächte lang draußen in der Scheune schlafen, ohne Decke.

In diesen Tagen begriff er, was fremdes Leid war, und was Demütigung bedeutete. Er schämte sich wochenlang, ohne es nach außen zu zeigen.

Hagen hatte seinen Vater verehrt, denn er war es gewesen, der ihn frühzeitig die Ehrfurcht vor der Heiligkeit aller Natur gelehrt hatte. Jahre später dann war der Alte es, der sich schreiend auf den gleichen Küchenbohlen wälzte, als sein Magenkrebs ins Endstadium trat. Sie hatten die Waffen weggeräumt, damit er sich nichts antun konnte. Aber, so sehr er auch litt, und über all die Nächte, die er durchbrüllte - er hatte nie nach dem Schuss verlangt. Es war ein Leiden gewesen, das keinen Sinn machte, weil es wie üblich den Falschen getroffen hatte.

Er selber war damals ein junger Mann gewesen. Solveig, die er gerade ein paar Wochen kannte, hatte in diesen Wochen unerschütterlich zu ihm gestanden. Das ganze Haus hatte widerhallt vom Gebrüll des sterbenden alten Hagen, der oben in der Dachkammer nach Erlösung schrie. Sein Sohn hatte sich verstört in Solveigs Arme geflüchtet. Als sie ihren warmen Körper gegen ihn presste, begann er diesen erstmalig tastend abzusuchen. Es dämmerte bereits und sie fröstelten vor dem Haus. Dennoch war Solveigs Körper immer wärmer geworden. Und, ahnungsloser Bauernjunge, der er damals gewesen war, hatte er sich gefragt, ob die herabsteigende Feuchte des Abends in ihren Körper gefahren war, der plötzlich ebenfalls überall warm und feucht wurde, wohin seine Finger auch fordernd drangen. Er hatte ihr erst einen, dann zwei Finger zwischen die Schenkel geschoben. Sie wurde darüber so laut, dass er sich genierte. Während die achtzehnjährige Solveig sich stöhnend um seine Fingerkuppen wand, bugsierte er sie irgendwie in die Scheune, nur um sie von der Hausfront wegzubekommen. Sie hatte sich auf den Rücken geworfen, ihr Kleid hochgerafft und ihre altmodische rosa Unterhose heruntergerissen, während er noch ratlos an seinen Hosenträgern nestelte. Irgendwie war er in sie gekommen, und es war der Augenblick gewesen, in dem ihre feuchte Wärme und ihre gellenden Schreie seinen Verstand so betäubten, dass er alles vergaß, was nach Wirklichkeit roch. Während seine Wirklichkeit sich auf ihre rotierende warme Höhle verengte, schrie der alte Hagen wenige Meter neben ihm nach dem Tod, der nicht kommen und nicht kommen wollte, und dann kam der junge Hagen, und der kleine Tod fuhr in ihn für einen kurzen Moment. Später lagen sie. Das Geschrei des Vaters drang kaum gedämpft durch die Bretterwände, doch Solveig schien es überhaupt nicht zu kümmern. Lüstern gurrend griff sie nach ihm, und als er sich verschämt abwandte, um ihr seine weich gewordene Männlichkeit zu entziehen, lachte sie glucksend auf und hauchte ihm einen Kuss darauf. Langsam spreizte sie die Beine und zog die Knie an. Die ganze junge Frau eine wollüstige Windung, schob sie sich den rechten Zeigefinger in ihre Höhle und ließ ihn aufstöhnend zwei-dreimal kreisen. Dann zog sie ihn heraus, steckte ihn breit lächelnd in den Mund und lutschte ihn mit leuchtenden Lippen ab. Es schmatzte, als sie den Finger aus dem Mund zog. Erst dann schloss sie die Schenkel und küsste den scheuen Hagen auf den Mund. Bis zu dem Tag, wo der fremde Scooter durch die Nacht sägte, tat sie dergleichen nie wieder. Und obwohl ihr Anblick damals in Hagen hineingefahren war wie glühender Stahl, hatte er sie nie darauf angesprochen. Später überlegte er, wieso er von all dem so klare Erinnerungen hatte, obwohl es in der Scheune schon fast dunkel gewesen war.

Solveig schlich aus der Scheune zu ihrem Fahrrad und huschte aus der Dunkelheit in die Dunkelheit hinein. Hagen schlich ins Haus zurück. Seine Mutter stand weinend am Küchenherd und wandte sich ab, als er eintrat. Zweieinhalb Tage sprach sie nicht mit ihm. Gerade saßen sie wortlos am Frühstückstisch, erschöpft vom pausenlosen Gebrüll des Vaters, als ein seltsam blechernes Poltern auf der Treppe sie hochschreckte. Sie eilten hinaus und fanden den Gestürzten am Treppenende liegen. Er musste sich vom Bett bis zum oberen Treppenabsatz geschleppt haben. Nun war er still, und seine gebrochenen Augen verrieten, dass er es bleiben würde. Durch den Treppensturz hatte sein Nachthemd sich bis zur Brust hochgeschoben, und erst jetzt erkannte Hagen, wie die Krankheit den Körper von innen her verspeist hatte, bis nichts mehr von ihm übrig war. Scheu starrte er auf das jetzt so tote Organ, aus dem heraus er einst ins Leben geschnellt war. Sein Vater hatte sich ihm zu Lebzeiten nie gezeigt.
Sie begruben ihn am nächsten Tag. Kein Jahr später begruben sie seine Mutter, und er heiratete Solveig, und ihre nächtlichen Schreie füllten das leer gewordene Haus.

Das Haus war alt gewesen und verwirtschaftet. Der Alte war es gewohnt gewesen, mit wenig auszukommen und auf das zu verzichten, was er aus seiner einfachen Sicht der Dinge für überflüssig hielt. Hagen junior hatte nie darüber nachgedacht. Doch, dem Drängen und den Ansprüchen seiner jungen Frau folgend, ließ er die paar Felder unbestellt, gab die spärliche Forstwirtschaft auf und machte mit ihren letzten Ersparnissen den Lastwagenführerschein. Damit verdiente er mehr, wenngleich nicht genug. Er fuhr zuverlässig seine Schicht ab, nach Schichtende richtete er Stück für Stück das Haus wieder her. Die alten Bohlen erneuerte er durch weißglänzendes Fichtenholz, das er kunstfertig verlegte. Die dunkle Treppe, auf der sein Vater zu Tode gestürzt war, schliff er ab und sie wurde hell. Strom- und Wasserleitungen verlegte er neu. An der hölzernen Fassade erneuerte er ganze Teile und strich sie von oben bis unten mit der rostroten Farbe skandinavischer Häuser, die er selber aus alten Zutaten anmischte. Nur das Brett des Türrahmens, an dem er mit Solveig zum ersten Mal gelehnt hatte, als sie ihm ihre Zügellosigkeit offenbarte, nahm er vorsichtig ab, schliff es hell, überstrich es transparent und hing es als Bord über das gemeinsame Bett. Aus einer vergilbten alten Bauernkate wurde im Laufe von anderthalb Jahren ein schmuckes Häuschen. Aus ihrem gemeinsamen Bankkonto wurde eine Wüste.

Es dauerte nur Monate, bis Solveig erneut unzufrieden wurde. Nach fast zwei Jahren Ehe hatte Hagen den Tod seiner Eltern verwunden und suchte nicht mehr Schutz, sondern Leben. Für eine geraume Zeit fand er es in Solveigs Körper. Es war eine Gefühlsintensität, die er in seinem Zuhause niemals erfahren hatte. Doch nach einiger Zeit entdeckte er, dass sie über das Körperliche hinaus verschieden waren. Das Rasende in ihrer Beziehung nahm unmerklich den Geschmack abgestandenen Brunnenwassers an. Während draußen die Schollen vorbeidrifteten und die kalte Brise in Hagens Brauen schnitt, erinnerte er sich, wie sie Halvard gezeugt hatten: Beide hatten sie ein Programm absolviert, waren hinterher auseinander geeilt und grübelten ihrer wachsenden Entfremdung hinterher. Halvard kam und füllte das Vakuum auf. Als er fünf war, wurde der finanzielle Druck so groß, dass Hagen sich auf eine Anzeige der Svalbard Samfunnsdrift meldete: Eine Schwestergesellschaft der Spitzbergener Minengesellschaft, die Lastwagenfahrer suchte. Auf jeden Job, den sie ausschrieben, erhielten sie zweihundert Bewerbungen, das war normal. Doch tatsächlich holten sie Hagen und seine kleine Familie nach Spitzbergen, und der Auftrieb war gewaltig: Eine geräumige moderne Wohnung mietfrei, Wasser, Heizung, Heißwasser, Elektrizität - alles frei. Statt der auf dem Festland üblichen Lohnabzüge von fünfundvierzig Prozent nur knappe dreizehn Prozent. Sie fühlten sich wie im Himmel. Nach zwei Jahren bekamen sie ein Reihenhaus zugewiesen, von dem aus sie das Adventtal überblickten, und sie verlängerten ihren Aufenthalt.

Hagen war sein Leben lang ein Schufter gewesen. Er brauchte eine Aufgabe, die mehr enthielt als seine regelmäßigen Lastwagenfuhren zu und von der Grube 7. Zuerst baute er für sie drei eine Hütte am Björndalen, und eine Zeitlang genossen sie die Wochenenden in der Einsamkeit des arktischen Sommers. Der kleine Halvard, den er an den Fuß des Vogelfelsens geführt hatte, stand mit offenem Mund davor und lauschte der tausendstimmigen Klangsymphonie, die wie feiner Wasserstaub auf sie herabschwebte. Einmal kamen sie an der Hütte an, und über das Packeis des Eisfjordes flüchtete ein Eisbär. Die Begeisterung hielt sich nur kurz. Solveig war die Hüttenimprovisation und deren Enge bald leid. Halvard begann, sich Bücher für die Wochenenden im Björndalen mitzunehmen. Irgendwann war es Hagen, der die Enge nicht mehr ertrug und ihr in die Wildnis entfloh. Als er nach zehn Stunden mit zwei Schneehühnern zurückkam, weigerte Solveig sich wortlos, diese zuzubereiten und verlangte, auf der Stelle zurückgebracht zu werden.

Das Leben im Reihenhaus war nicht seins, und wenn er seinen Lastwagen über die engen und rutschigen Serpentinen von Grube 7 heruntergebracht hatte und, die Beine auf dem roten Kunstlederschemel, vor dem Fernseher hing, dann war er es, der immer unruhiger und immer unzufriedener wurde. - Erst als er mehr Zeit in der Natur verbrachte als zu Hause, kehrte er wieder zu sich selbst zurück.

Vom Sitzen wurde Hagen kalt, und die Müdigkeit zerrte unerbittlich an seinen Zügen, die davon starr und verspannt geworden waren. Halb wach, halb schlafwandelnd, torkelte er zu seiner Maschine und holte die aluminiumbeschichtete Matte aus seiner Kiste. Er strich mit den Händen den Schnee glatt, rollte die Unterlage aus und setzte sich darauf. Kaum niedergesessen, holte er den blauen Plastiksack mit der Ersatzkleidung aus seiner Kiste. - Er würde eine gute Kopfstütze abgeben. Hagen zog seine Gesichtsmaske über, die er im Overall vor seinem Bauch verstaut hatte. In der Brusttasche seines Overalls führte er stets zwei dünne, metallbedampfte Survivalfolien mit sich, die die Körperwärme reflektierten. Mit klammen Fingern riss er die Plastikverpackungen auf, entfaltete die beiden Decken und rollte sich ein. Er lehnte sich gegen den Plastiksack und vermied den Blick auf den hinter ihm treibenden Leichnam. Jetzt bloß nicht einschlafen, dachte er noch. Dann fiel sein Kopf hinten über.

Während Hagen tief und schmerzlos schlief und das dünne Metall sich schützend um seinen Körper schmiegte, kroch die Sonne hinter der blau dräuenden Kulisse des Tempelbergs hervor. Sie wand sich mürrisch aufwärts, und über die breit und tödlich in den Fjord leckende Zunge des Von-Post-Gletschers wieselten erwachend purpurne Farbschlieren, die das Eis aus seinem nächtlich glanzlosen Grau hervorzerrten, ihm eine seltsam endgültige Gespenstigkeit verliehen und bald schon den ganzen gewaltigen Gletscherleib bedeckten mit der wehmütigen Farbe gerinnenden Blutes, durch das ein letztes schweres Pochen ging. Im Westen aber, getränkt vom Abendrot, saugte ein aquarellsanftes Rotgelb den Himmel noch immer in die Nacht hinab, und bisweilen züngelten rote Lichtschlieren kurz und knisternd in das helle Nachtblau.

Hagen schlief einen tonlos-dumpfen Traum, erfüllt von huschenden Bewegungen schattenhafter Figuren, die sich seinem inneren Auge mehr entzogen denn näherten, und die steinerne Last, die ihn hinabdrückte in die Untiefen seines Schattenschlafs, war ihm nicht fühlbar. Während die Kälte ihn speichelnd umschlich und an seiner metallenen Haut nagte, griff die Sonne tief in den hellblauen Dom endgültiger Verlorenheit, den sie nächtens über die beiden gewölbt hatte und zog sich mit immer kräftigeren Bewegungen daran empor. In das Wasser des Fjordes kam schläfrige Bewegung. Die Robben, die die Nacht senkrecht unter Wasser dösend verbracht hatten, schwebten langsam an die Oberfläche und reckten ihre Nüstern in die Eisluft, zufrieden, dass die harte Decke, die sie bisher regelmäßig durchbeißen mussten, endlich Löcher bekommen hatte. Federknäuel belebten sich und entließen Köpfe und Schnäbel, die sie in ihrer Tiefe verborgen hatten. Vogelmäuler, sich mehr und mehr belebend, rupften losen Flaum, der als feiner Morgengruß der schnäbelnden Massen den Fels hinab wehte. In die starren Steinwände wehte das Leben wie ein vielädriges Rinnsal, während es drunten auf den Schollen schon auf gepackten Bündeln saß. Federknäuel um Federknäuel wandelte sich zu einem geschäftigen Wesen, dessen Augen argwöhnisch in den Morgen spähten, witternd, ob es den Abend noch erleben würde. Denn das Leben hier vollzog sich so zufällig wie das Überleben und das Sterben. Unbeirrbar hoben die gefiederten Wesen sich dennoch von ihren Felsvorsprüngen und hüpften fröhlich ziepend und schnatternd in den freien Fall, bevor sie die kleinen Flügel spreizten und hinab schwebten auf Eis oder Wasserfläche.

Hagen schlief den Schlaf des Entfliehenden. Sich selbst warm dampfend in seiner silberglänzenden Eihülle, schwebte er unter den Wassern der Wirklichkeit, nicht anders als die Robben. Doch im Gegensatz zu diesen vermied er es aufzutauchen und Atem zu schöpfen. Hagen befand sich auf einem unwirklichen Flug durch eine grünlich leuchtende Unterwelt voller Quallen, durch die er seitlich hindurchglitt, während das gläserne Getier erschreckt mit den Tentakeln zuckte und sich aufwärts hob. Heftete er seinen Blick auf einen der substanzlosen weißlichen Körper mit den ätherischen Medusenschirmen, so zerplatzte der vor ihm wie eine Seifenblase. Hagen fühlte sich in angenehmster Weise erstarrt. Staunend wie ein Kind betrachtete er eine Welt, die sich ihm nie erschlossen hatte, weil er sie immer nur überquert, niemals aber durchquert hatte. Er sah, dass seine Arme vor ihm her schwebten, die Hände grifflos geworden, und verspürte die unendliche Leichtigkeit, der seine stets so verschlossene Existenz sich immer mehr näherte. Stunden über Stunden glitt er dahin, durch eine Wunderwelt, die ihm immer fremd gewesen war, ihm nun aber unendlich vertraut vorkam. Er blickte auf und wurde gewahr, dass er unter einer Scholle hindurchtrieb, durch die das Licht türkisfarben hindurchschien. Ein schwarzer Schatten lag darauf, die Umrisse eines Kindes, die ihn an jemanden erinnerten, ohne dass er gewusst hätte an wen. Als er unter dem Schatten war, verging dieser. Seltsam, dachte Hagen, und er hatte das Gefühl, dass es eine Erinnerung war, die ihn floh. Weiter und weiter glitt Hagen schweigend durch die Unterwasserschönheiten, die so durchsichtig vor ihm schwebten wie hauchzarte Gaze.

Die Reise machte ihn müde, und das Gefühl von Schwere schob sich in ihn wie hölzernes Gestänge. Hagen bäumte sich auf und entzog sich dem, so dass er bald wieder seinen Schwebezustand erreicht hatte. Stunden um Stunden glitt er so dahin, bestaunte lautlos die unwirklichen Wesen, die in scheuen Stößen tentakelnd vor ihm umher tänzelten. In der Ferne wuchs ein schriller Lichtkeil durch das verschwommene Grün, der einen starken Sog auszuüben schien. Denn Hagen nahm eine starke Vorwärtsbeschleunigung auf und schwebte immer schneller auf den Lichtkeil zu. Er spürte, wie seine Haare sich nach hinten legten und die immer rasendere Fahrt an seinen Kleidern zerrte. Zu seiner Verwunderung trug er auch hier unter Wasser seinen Arktisoverall. Er war gefangen wie in einem Tunnel, aus dem es keinen Weg mehr gab. Weit in der Ferne, am Ende des Tunnels, erblickte er einen Torbogen, geformt aus türkis schillernden Eisquadern. Unwirklich wie ein Gazedrapeau wehte darin ein zartes Kindergesicht. Ein Gesicht mit traurigen, fragenden Augen. Hagen befiel ein starkes Unbehagen, als er schneller und schneller durch den Tunnel jagte, gleichzeitig dessen Wände mit tastenden Fingern berührend. Das Licht war nun so gleißend, dass es ihn blendete, und kein Getier war mehr zu sehen. Mit vor Unruhe geweiteten Augen schoss Hagen auf das Gesicht zu, das sich in immer stärkeren Zuckungen vor ihm wand. Während sein Blick sich hypnotisiert auf die fremden Züge richtete, die ihm in so eindringlicher Weise bekannt vorkamen, beobachtete er, dass der Ausdruck des Gesichts sich unmerklich änderte: Das lebhafte Mienenspiel, dessen zerfließende Trauer ihm so unerklärlich nahe gegangen war, wurde schwächer und schwächer, bis jede Bewegung versiegte und wächserne Starre sich über das immer fahler leuchtende Antlitz breitete. Die Augen wurden glanzlos wie trübes Glas, und über

der Oberlippe spannte die Haut sich gleich gelbem Pergament. Hagens Geschwindigkeit vervielfachte sich, und der Fahrtwind begann zu brüllen, als er auf das durchsichtige Antlitz zuraste, um es niemals zu erreichen. Dessen Unterkiefer hatte sich abgesenkt und damit die gelbe Leichenmiene vor ihm vervollständigt, als geräuschlos ein Schuss in das Gesicht schlug, die Nasenwurzel zerriss und eine Fontäne von Blut über die zerfasernden Gesichtszüge sandte. Vor ihm färbte das Wasser sich rot, und ihm war, als formte der Mund vor ihm sich unendlich langsam zu einem bitter-prustenden Lachen, während rote Schlieren ihm von den Mundwinkeln wirbelten und so grell zu leuchten begannen, dass sie Hagens Augen quälten. Auch Hagen hatte seine Schmerzgrenze erreicht.
«Neiiiiiiin!», brüllte er verzweifelt und riss entsetzt die Augen auf.

Das grelle Licht, das mitten in seinen Schlaf stach, kam nicht von der Sonne. Die Sonne war nicht zu sehen. Seine Maschine war nicht zu sehen. Die Berge waren nicht zu sehen. Und es gab keine Scholle mehr. Keinen Kinderleichnam mehr. Nur das Prusten war geblieben, und für einen Augenblick erschrak Hagen.

Whiteout. Das Röcheln kam aus der undurchdringlichen Nacht, die sich über Hagen und sein brüchiges Wasserfahrzeug gewälzt hatte. Die anschwellenden Gesänge des Morgens verpufften in ihr wie in einem schweren Vorhang, und der suchende Blick des Erwachenden wurde hineingesogen in das trübe Weiß ihrer gefräßigen Trägheit.
«Whiteout», sagte Hagen kraftlos. «Scheiße nochmal.»

Er schälte sich aus seiner Aluminiumhaut. Deren Innenseite hatte sich mit Schweiß beschlagen. Er bildete kleine Tropfen,

die die Folie entlang rollten, bevor sie gefroren. Durst quälte ihn. Gierig scharrte er etwas Schnee zusammen und stopfte ihn sich in den Mund. Er spürte, wie er dort schmolz und wie die Kälte auf seiner Mundschleimhaut Blasen riss.
Er blickte sich um.
«Whiteout», sagte er mutlos. «Auch das noch!»

Durch das undurchdringliche Weiß, das ihn umhüllte wie eine klebrig gewordene Schlafdecke, drang erneut prustendes Schnorcheln. Von irgend wo her schlug Wasser gegen die Eiskante. Hagen blickte abermals um sich. Er blickte in tiefe Nacht. Grelle weiße Nacht. Nacht, die sich nicht aus Dunkelheit speiste, sondern aus Helligkeit. Aus einer tief hängenden Wolkendecke, fallendem Neuschnee und einer geschlossenen Schneedecke. Davon wurde das Licht so diffus, dass es alle Konturen ausradierte und man keinen Meter weit mehr sah. Hagen war Hunderte von Malen hindurch gefahren, den Blick auf eine ausgefahrene Scooterspur vor ihm im Schnee genagelt. Jetzt machte es ihm Angst.

Das Schnorcheln umkreiste ihn. Was, wenn es sein Sohn war, der immer noch lebte? Lag er schwer atmend auf der Scholle neben ihm, unsichtbar für seine Augen? Verschluckt von weißem Lichtnebel, nach Atem ringend, halb erfroren? Hagen lief eine Gänsehaut über den Körper. Auf allen Vieren tastete er sich die Scholle entlang. Von irgend wo her gurgelte Wasser. Panik befiel ihn. Was war mit dem Kleinen? War er von der Scholle in das Eiswasser geglitten? Wieso lebte er dann noch? Wieso schrie er nicht? Wieso schwamm er um ihn herum?

In einer Aufwallung gewaltsamer Selbstbeherrschung machte Hagen sich klar, dass es das Prusten einer Robbe war, das ihn aus dem Schlaf gehoben hatte, zusammen mit dem grellen Fahl des Whiteout, das ihm in die Augen gefahren war. Er zitterte. Hastig stopfte er sich etwas Schnee zwischen die Lippen. Von einer seiner Goldkronen kam ein ziehender Kälteschmerz. Er tat ihm gut und holte ihn in die Wirklichkeit zurück.

Wo war Halvard? War die Nachbarscholle im Schutz des Lichtnebels davongetrieben, während Hagen geschlafen hatte? Trieb der Körper seines Sohnes schon im Wasser, umringt von neugierig paddelnden Papageientauchern? Gab es weiter draußen noch den Whiteout oder war der hier keine hundert Meter breit? Verwirrt kam er auf die Beine. Ein Windstoß fuhr in sein Lager und ergriff eine der beiden Rettungsfolien. Silbersprühend wie ein Flaschengeist fuhr sie in die Höhe und jagte hinein in das Weiß. Hagen sprang zurück auf sein Lager und bekam gerade noch die andere Decke zu fassen, während die erste schon im Nichts abtauchte. Mit fliegenden Fingern faltete er die lebensrettende Haut zusammen und schob sie sich vorne in den Overall. Der blaue Plastiksack mit seiner Kleidung war verschwunden! Plötzlich war überall in ihm Panik.

Auf allen Vieren robbte er hinein in die undurchsichtige Brühe und hoffte, die beiden Sachen wiederzufinden. Er robbte nicht sehr weit. Als er sich umblickte, war sein Lager verschwunden. Kopflos geworden hechtete er zurück und erinnerte sich im gleichen Augenblick, dass er sein Lager nicht weit von der Wasserkante gerichtet hatte. Er fiel auf Eis. Aber er fiel nicht auf seine Unterlage. Er schlug die Stiefelspitze ins Eis, um sich selbst einen Halt zu geben. Dann streckte er, auf dem Bauch liegend, beide Arme weit von sich und tastete halbkreisförmig umher. Dabei schob er sich langsam nach vorne, die rechte Stiefelspitze fest auf den Boden gepresst, um sich in möglichst gerader Linie nach vorne zu bewegen.

Nach einigen verzweifelt tastenden Halbkreisen wurde er unsicher. War er überhaupt vorangekommen oder hatte er sich im Kreis bewegt? Wo war seine Matte? Wo war das Wasser? War es noch rechts von ihm oder hinter ihm? Oder vor ihm? Alle Sinne aufs äußerste gespannt, lauschte er. Worauf er lauschte, wusste er nicht. Denn es gab keinen Laut, und falls es doch einen gab, schluckte ihn der Whiteout. Tastend kroch er weiter, prüfte jeden Zentimeter Eis vor sich auf sein Vorhandensein und seine Festigkeit. Dann explodierte rechts von ihm ein lautes Prusten und endete in einem klatschenden Wasserschlag. Zu Tode erschrocken schnellte Hagen nach links davon, rollte sich mehrmals um die eigene Achse und knallte mit dem Kopf gegen etwas Hartes, dass ihm Sterne vor den Augen blitzten. Zitternd vor Angst untersuchte er, wogegen er geschlagen war. Es war der vordere Stahlski seiner Maschine, der sich grinsend aus der weißen Dunkelheit schob. Hagen griff danach wie ein Ertrinkender. Plötzlich stand der Scooter vor ihm, schwarz und nebelig. Selig ließ Hagen sich auf die Sitzbank fallen und schlug mit dem Gesicht in die leere Gewehrhülle.

Er lag immer noch, als ihn erneut das Prusten hochschreckte. «Hör' endlich auf, du verdammtes Vieh!», brüllte er in die weiße Wand vor sich und riss die leere Hülle hoch. Die Hülle flog ins Nichts. Irgendwo protestierten ein paar Möwen gegen den Lärm. Ihre Schreie klangen weit entfernt und gedämpft wie in Watte.

«Hör' endlich auf, endlich auf!», bat Hagen leise. Er senkte die Arme. Die Arme, mit denen er seinen Sohn getötet hatte. «Hör' doch auf!», flüsterte er verzweifelnd. Das Prusten blieb aus. Er lauschte nach dem Geräusch wie nach einem unsichtbaren Feind, minutenlang. Dann kam es wieder von links. Dann von rechts. Dann war es vor ihm, vielleicht. Der Whiteout ließ es nicht zu, die Richtung zu bestimmen. Es gellte dumpf in Hagens Ohren. Nach einer knappen Stunde verschwand es. Hagen hörte es noch einmal von weit draußen. Die Robbe stieß einen kurzen, quiekenden Schrei aus. Sie hatten seltsam hohe Kinderstimmen. Irgendwie klangen sie immer wie ein Kind, das sich wehgetan hatte.

Die Temperatur war gestiegen, wie immer, wenn Whiteout herrschte. Es mochten jetzt keine zehn Grad unter null mehr sein. Aus dem Weiß fielen leise einige Schneeflocken. Sie tauchten auf aus dem Nichts, als ob sich direkt über Hagens Kopf ein Federbett entleerte. Ob es überall schneite, war nicht zu sehen. Die Wolken waren manchmal scharf gezirkelt, so dass man nur zehn Meter zu gehen brauchte, um aus dem Schneefall heraus zu sein. - Aber Hagen ging keine zehn Meter. Nicht einmal zwei würde er gehen. Seine Maschine gab ihm Sicherheit. Schade, dass ich kein Gewehr mehr habe, dachte Hagen. Wenn ich ein Gewehr hätte, wäre mir wohler in dieser Brühe. Eisbären wanderten gerne durch den Whiteout, er konnte ihnen nichts anhaben. Es hatte nur den Nachteil, dass sie unerwartet auf Meterdistanz vor einem standen, während man sie sonst meilenweit vorher erblickte. Gefangen, dachte Hagen sich. Ich bin gefangen. In einem Uterus könnte es nicht enger sein. - Vor Jahren, mitten im Fulmartal auf dem Weg durch einen plötzlichen Whiteout zum Elfenbeingletscher, war ein junger Jährling wie hingehext vor ihm gestanden. Das Tier hatte tatsächlich vor Schreck aufgebrüllt und war mit einem Riesensatz im Lichtnebel verschwunden. Hagens Herz hatte bis unter seine Schädeldecke gehämmert. In solchen Situationen kam es darauf an, wer zuerst die Nerven verlor.

Schade, dass ich mein Gewehr nicht mehr habe, dachte Hagen.

Er hüllte sich in die verbliebene Folie und setzte sich auf den Scooter. So gut er konnte, mühte er sich, seinen Hunger zu vergessen, doch der machte sich immer deutlicher bemerkbar. Beim Stöbern in den Satteltaschen fand er einen Rest Schokolade und eine halbe Scheibe trockenes Brot. Beides verzehrte er, während er voller Unbehagen in das weiße Dunkel spähte. Von seinen Stiefeln her kroch die Kälte an ihm hoch. Es wäre jetzt gut, die Schlafmatte noch zu haben. Man könnte sie falten und sich daraufstellen. Nach längeren Touren sammelte sich immer das Schwitzwasser in den Stiefeln. Dann wurden Socken und Füße nass, und der Körper schaffte es nicht mehr, das Stiefelinnere zu temperieren.

Die Maske über das Gesicht gezogen, so dass nur Augen- und Mundpartie hervorguckten, saß er auf seiner Maschine wie ein Standbild. Die Robbe kam nicht mehr. Verpuffende Vogelschreie kamen von irgend woher. Und die Kälte kam, inzwischen hatte sie sich schon in seinen Waden festgesetzt. Er startete die Maschine und stellte beide Füße auf das Fußblech, unter dem der Auspuff entlang lief. Es milderte die Kälte, aber es tötete sie nicht. Von außen wurde die Folie langsam zugeschneit. Eine dünne Flockenschicht legte sich auf Hagen. Die Kälte machte ihn vom Boden her steif, und er wollte sich die Füße vertreten. Ein kurzer Blick in das undurchsichtige Weiß ließ ihn den Gedanken sofort vergessen.

Der Zweitaktergestank sammelte sich auf dem Eis, bis ihm schlecht wurde. Er stellte die Maschine wieder ab und starrte ohne Fixpunkt in die weiße Wand vor sich. Nun war ihm, als bewegte sich ein Schatten vor ihm, ein schemenhaft dunkles Etwas, das sich bis kurz vor das Erkennen aus der Stille schob und sich dann wieder verbarg. Ohne sich zu bewegen blickte Hagen auf. Seine Muskeln spannten sich. Da drüben war etwas, aber es zeigte sich nicht. Falls es ein Bär war, konnte das das

Ende sein. Er holte die letzte Rakete aus seiner Brusttasche und schoss sie quer durch das Weiß in Richtung des Schattens. Ihr sprühender Feuerschweif durchschnitt die weiße Düsternis mit einem Pfeifen, dann ein rotes Aufglühen, und schon musste sie ins Wasser geschlagen sein.

Die nachfolgende Stille war umso unheimlicher. Hagen hoffte, der Bär oder was auch immer es gewesen war, sei geflohen. Instinktiv griff er nach seinem Messer und lockerte es in der Scheide, wohl wissend um seine Geste ohne Sinn. Unruhig blickte er hinter sich. - Stille. Weiße Stille.

«Zeig dich!», schrie er hysterisch auf. «Zeig dich, du verdammtes Biest!» Die Arktis verschluckte alles. Mit der Zeit ging sein hämmernder Puls zurück. Die Wand vor ihm und hinter ihm und neben ihm und über ihm blieb weiß. Undurchdringlich weiß. Und Hagen blieb angespannt.

Dann war das Ding wieder da. Etwas Dunkles, das aus der Ferne durch den Whiteout blitzte. Als würde sich eine weiße Kulisse davorschieben, verschwand es wieder. Hagen spürte Schweiß auf seiner Stirn. Es ist nur eine Robbe, sagte er sich. Es ist irgend ein Robbenbulle, der auf dem Eis döst. Er tut mir nichts. Er sieht mich nicht einmal. Der Schneefall setzte wieder ein, wurde stärker und versiegelte alles um ihn her. Erneut startete er die Maschine, und der Auspuff wärmte seine klammen Füße.

Ich muss die Kiste bewegen, sagte er sich. Keiner weiß, wie dick das Eis unter mir ist. Zum Schluss schmilzt es unter der Motorhitze durch. Aber ich sehe nichts. Ich weiß nicht, wo ich sie hinfahren soll. Er stieg ab, die Linke immer am Lenker stellte er sich vor seinen Scooter und prüfte das Eis. Zögernd ließ er los und tastete sich einige vorsichtige Schritte rückwärts. - Die Maschine verschwand. Der Motor war noch zu hören, aber Hagen sah sie nicht mehr. Mit aller Gewalt zwang er sich drei weitere Schritte zurück. Dann hastete er vorwärts. Ein Moment der Unruhe, als die Maschine sich nicht zeigen wollte, ein angstvolles Spähen mit den Ohren, dann schälte der Lenker sich aus dem Nichts.

Idiot, sagte Hagen sich. Ich hätte den Scheinwerfer anschalten können. Langsam fräste die Maschine sich nach vorne. Hoffentlich hält das Eis. Hoffentlich ist inzwischen nicht wieder irgendwo irgendwas weggebrochen. Er stellte den Motor ab, und augenblicklich schwappte die Stille über ihm zusammen.

«Ist hier jemand?», brüllte Hagen plötzlich los.
Mein Gott, ich werde verrückt, dachte er. Hier ist niemand. Wie soll hier jemand auf die Eisscholle kommen.
«Ist hier jemand?», schrie er erneut.
Die Arktis antwortete mit Schweigen. In plötzlich aufschießendem Misstrauen starrte er in den Lichtnebel vor sich und war sich ganz sicher, dass jemand in seiner Nähe war.
Ich schnappe über, dachte er. Ich schnappe tatsächlich über.
«So sagen Sie doch etwas! - - - Sagen Sie etwas!»
Er wirbelte herum und stand doch wieder nur vor einer weißen Wand.
Hier ist keiner, Hagen, sagte er sich. Ganz bestimmt, hier ist keiner.
Aus dem Nichts tönte ein dumpfes Rumpeln. Hatte der Gletscher gekalbt? War die Eisdecke dabei, weiter aufzubrechen? - Was wird aus mir, sagte Hagen zu sich. Das Eis unter ihm rührte sich nicht.

Nichts geschah. Es geschah überhaupt viel zu wenig. Hagen beruhigte sich und lehnte sich gegen seine Maschine. Dabei entdeckte er das lange Seil, das er um den Heckgepäckträger geschlungen hatte. Hastig wickelte er es ab und warf es zu Boden. In das Seilende machte er einen doppelten Knoten. Mit beiden Händen wie ein Bergsteiger umklammerte er es nun vor dem Scooterheck und ließ es vorsichtig durch die Finger seiner Linken gleiten, während er sich Schritt für Schritt von der Maschine weg bewegte. Er sank auf die Knie und kroch auf allen Vieren voran, wieder mit ausholenden Halbkreisbewegungen seiner Rechten. Mit den ersten beiden Linksbögen geriet er bis unmittelbar an die Eiskante und warf sich jedes Mal entsetzt zurück. Dabei achtete er ängstlich darauf, das Seil nicht zu verlieren. Als zwanzig Meter des grünen Nylons durch seine Hände geglitten waren, erfühlte er seine Schlafmatte. Sie war zugeschneit, und hätte der Wind sie nicht an einer Ecke umgeschlagen, so hätte er sie niemals gefunden. Hagen stieß ein Triumphgeheul aus und riss die Matte an sich. Zügig hangelte er sich an seinem Seil zur Maschine zurück. Wieder startete er den Motor, bis seine Füße wärmer wurden. Dann faltete er die Matte zweimal und stellte sich darauf.

Ihm war, als schwankte das Eis unter ihm. Wahrscheinlich hatte die Flut eingesetzt und hob es in die Höhe. Er nahm es gleichmütig. Mehr und mehr fühlte er sich nicht mehr als Mensch, sondern als Wartender. Das Leben um ihn herum hatte angehalten, und Hagen stand auf einer Bühne, von der jemand die Dekoration entfernt und dann das Licht ausgeschaltet hatte. Sein Leben war im wahrsten Sinn des Wortes eingefroren. Ob es wieder in Bewegung kommen würde, stand in den Sternen. Falls die noch existierten.

Erst als der dunkle Schatten sich erneut aus dem Whiteout schob und zum Leichnam seines Sohnes wurde, wie ein dunk-

ler Mond an einem weißen Himmel wandernd, und genauso geisterhaft verschwindend, fiel die Wirklichkeit wieder über Hagen her.
Ich habe eine Rakete nach meinem toten Kind geschossen, war sein erster Gedanke. Halvard schien schwerelos im Nirgendwo zu schweben, den Rücken immer noch zu seinem Vater gewandt. Während alle Konturen um den kleinen Körper verschwammen, lag er steinern in seinem Bett aus weißer Watte, für Sekunden so klar wie ein Geisterschiff, und wie ein Geisterschiff begann er sich in weiße Lichtschlieren zu hüllen und verschwand. Der Spuk hatte nur Sekunden gedauert, aber jetzt kotzte Hagen. Der Rest von Schokolade und das halbe Brot ergossen sich über das Eis.
«Kleiner», sagte er leise.

In den nächsten dreißig Stunden Whiteout sollte Halvard noch vielmals kommen und gehen, kommen und gehen, eine dunkle Anklage, die einen unsichtbaren Horizont entlang wanderte, verschwand, wiederkehrte, verschwand, aufstieg - und doch immer an derselben Stelle blieb. Das Bild war schlimmer als die Kälte, schlimmer als der Hunger, der begann, sich von innen her an Hagen zu nähren. Manchmal klatschte das Wasser und manchmal schrien die Möwen, und einmal schoss eine Raubmöwe aus dem Nichts und zischte dicht über seinen Kopf und zurück ins Nichts, dass er bis ins müde Mark erschrak, und einmal klatschte ihm von irgendwoher Wasser über die Füße und er wusste nicht, woher es kam und was es mit ihm vor hatte, aber es hatte nichts mit ihm vor und es kam nicht wieder. Hagens Füße waren zu Klumpen geworden. Das Eis unter seiner Maschine war eine graue Matsche, die mal schmolz, mal gefror, bis sein Scooter sich zentimetertief ins Eis senkte, ohne dass etwas passierte. Und das Schlimme war die Angst, das völlige Gefesseltsein im doppelten Käfig einer Scholle im Whiteout, und von Hagen's rauem Gleichmut war nichts geblieben als ein frei geschältes, zuckendes Nervenkostüm.

Als Halvards grinsendes Gesicht mit seinen im Tode gebleckten Zähnen dann abermals an ihm vorbeifuhr und, ihn überholend, wieder verschwand, war Hagen am Ende. Er barg sich unter seiner Folie, mit dem Rücken auf dem Scootersitz liegend, das Gesicht bedeckend vor dem grässlichen Anblick. Zugleich begriff er, dass eine Strömung sie gepackt haben musste, und dass die Arktis sie schon zwei Tage durch die Dunkelheit getragen hatte, ohne dass sie ihm erlaubt hatte es wahrzunehmen. Hagen verkroch sich unter seine Schutzhaut und blieb Stunde um Stunde darunter. Er verkroch sich so endgültig, dass er nicht bemerkte, wie ein warmer Wind sich von Süden her über die Berge wälzte und von oben her die Wolken abschälte, und wie einer der Gipfel am Nordufer seinen Stachel in die Wolkendecke ritzte und die Sonne hindurchzwang. Hagen hatte sich in einen komaähnlichen Erschöpfungsschlaf hineinsinken lassen, aus dem ihn erst der Angriff eines gleißenden Sonnenstrahls holte.

Leblos wie ein Kaltblüter fuhr er unter seiner Folie hervor. Der Whiteout war vergangen, die Sicht kilometerweit. Halvard war immer noch tot. Er trieb nicht einmal einen Steinwurf vor ihm her mit dem Rücken den Fjord hinaus und mit den weit aufgerissenen Augen im blauen Gesicht auf seinen Vater gerichtet. Sag es meiner Mutter, sagten die Augen. Einer muss es meiner Mutter sagen. Wenn du es ihr nicht sagst, wird sie warten in Oklahoma. Ich wollte sowieso nicht hin. Sie gehörte mir nie. Und ihr Typ war nicht mein Typ, ich mochte ihn nie. Ich wollte immer nur zu meinem Vater.
Immer nur zu meinem Vater.
Immer nur zu meinem Vater ...

Hagen bekam die Augen nicht von der blauen Fratze. Nur noch entfernt besaß sie die Züge des Jungen, und er begriff, dass die Zeit immer arbeitete. Und immer arbeitete sie gegen die Menschen. Denn am Ende stand das Ende der Zeit, aber es war nur das Ende der Menschenzeit. Die Zeit selbst gab es gar nicht. Sie war nur deshalb Zeit, weil sie von jemandem wahrgenommen wurde. Man war auch nur Mensch, wenn man von jemandem wahrgenommen wurde. Wurde man von niemandem wahrgenommen, so existierte man nicht. Man blieb eine halbe Sache, die vergebens nach ihrer Ergänzung suchte, um eigene Zeit leben zu können. Zeit, dachte Hagen, war etwas zutiefst Menschliches. Letztlich war jeder Mensch seine eigene Zeit, hielt sich aber an äußeren Merkmalen einer scheinbaren Zeitrechnung fest. Tiere, dachte Hagen, erstaunt über die plötzliche Tiefe seiner Gedanken, brauchten keine Zeit. Sie steckten voller Leben, weil sie die mit der Zeit eingeführte Unterteilung ihres Lebens nicht durchlitten. Die Zeit hingegen tötete Leben und ersetzte es durch Abläufe.

Oklahoma. Wenn er es Solveig nicht sagte, würde niemand es ihr sagen. So wie es aussah, würde er kaum dazu kommen. Kam er doch noch dazu, dann würde sie ein Leben lang hinter ihm her sein. Was immer sie jemals an ihm abgelehnt hatte, wäre dann ein handfester Grund für handfesten Hass. Hagen war ein einfacher Mann mit einfachen Weisheiten. Solveig war auf komplizierte Weise einfach, weil sie nichts begriff und nichts wahrnahm außer sich selbst und nichts zuließ außer der Interpretation ihrer eigenen Wahrnehmungen.

Sie würde ihn vor Gericht zerren, und er würde sein Leben lang einsitzen, wenn er ihnen die Wahrheit sagte. Eine Ausrede zu erfinden, hatte keinen Wert für ihn. Er war der Mörder ihres Kindes. Die Zivilisierten würden es niemals anders sehen. Und den Studierten, die über ihn zu Gericht sitzen würden, wäre er ohnehin unterlegen. Kam er nicht mehr herunter von dieser Scholle, war sein Leben zu Ende. Kam er doch herunter, war es genauso zu Ende. Aber es hatte nicht erst damit geendet, dass zwei Schüsse Halvard niederwarfen. Noch während sie beide voller Leben gewesen waren, hatte die Arktis ganz unhörbar ihren Schalter umgelegt. Sie hakte Menschen ab wie Eisschollen. Wenn sie sich entschloss sie loszulassen, ergriff sie unverzüglich der Wind und trieb sie den Fjord hinaus.

Hagen schloss die Augen und kroch unter seine Folie zurück. Kälte, Hunger und Schmerz hatten ihn mürbe gemacht. Er bemerkte, dass er aufhörte sich für die Außenwelt zu interessieren. Seine Füße und Unterschenkel waren dabei leblos zu werden. Seltsamer Widerspruch, dass er an den Füßen schwitzte und dort zugleich erfror. Die zweite Decke fehlte ihm, wo war die zweite Decke?

Von der Idee gefangen genommen, hob er den Kopf. Der Whiteout war gegangen, vielleicht fand er seine Decke wieder. Ausgelaugt kroch er von der Maschine und stellte sich auf die Beine. Sie kribbelten und stachen, aber sie funktionierten. Tapsig stakste er einige Schritte vorwärts. Er fand sie auf den ersten Blick: Der Wind hatte sie bis an die Eiskante getragen, dort abgelegt und vergessen. Sie hing halb ins Wasser, aber die andere Hälfte lag auf dem Eis wie angefroren und blinkte in der Sonne. Erst jetzt erfasste Hagen, dass der arktische Frühling mit ungeheurer Macht voranmarschierte. Von einem strahlend blauen Himmel jagte das Licht herab, dass seine Augen zu schmerzen begannen.

So nahe wie möglich schob Hagen sich an die Eiskante heran. Als er in das metallgrün blinkende Wasser blickte, sank sein Mut erneut. Die Decke hing zu mehr als zwei Dritteln in der eisigen Brühe. Wieso sie nicht fortgetrieben und versunken war, wusste er nicht. Er schob sich einen halben Schritt darauf zu, doch als sein Blick auf die vom Wasser rund polierte Eiskante fiel, zog er sich zurück. Halvards Aufschrei, als er in die Fluten gerutscht war, gellte von ferne wieder über den Fjord. Nach weiteren Versuchen legte Hagen sich flach auf den Bauch. Er achtete nicht auf die Kälte, die sich sofort wieder gierig von unten her in seinen Körper schob, einem Schwarm Parasiten gleich. Vorsichtig robbte er auf die Decke zu, sie war tatsächlich festgefroren. Er hob den Kopf und versuchte, sie mit der Rechten loszureißen. Es gelang nicht. Auch als er die Linke zu Hilfe nahm, blieb das federleichte Ding wie angeschweißt. Eine Eiskruste zerkrümelte unter seinen Fingern und kleine Kristalle rieselten über die schimmernde Folie. Vorsichtig setzte Hagen sich auf, wohl bewusst, dass er sein Körpergewicht damit auf eine viel zu kleine Fläche konzentrierte. Das Eis blieb still. Hagen rutschte näher an den Rand und riss an der Decke. Sie rührte sich nicht. Er saß und atmete. Dann, voller Todesverachtung, stand er auf, riss mit einem Ruck die Decke los und sprang panisch zurück. - - Erst geschah gar nichts. Dann, wie in Zeitlupe, öffnete sich ein feiner Riss vor ihm, als bräche jemand ein Stück aus einem Riesenkeks. Mit dem Atem des Fjordes sprühten kleine Wasserspritzer durch die entstehende Ritze und schnellten flink empor auf die Schneedecke, um sie anzuschmelzen und grau zu färben. Halvard mit seinem blauen Gesicht sah teilnahmslos zu, wie ein Stück von zehn bis fünfzehn Quadratmetern sich auf die Reise machte. Auch Hagen sah zu. Sein Blick wanderte zwischen den toten Augen, in denen sich die Vormittagssonne brach, und der davondriftenden Eisplatte hin und her. Die Arktis war dabei, ihn hinter sich zu lassen.

Ein Blick in die Landschaft verriet, dass sie seit dem Beginn ihrer Reise vierzig bis fünfzig Kilometer zurückgelegt hatten. Mit jeder Stunde würde die Frühlingssonne sich nun tiefer in das

Eis hineinfressen. Die Scholle würde kleiner werden und damit schneller. Je nachdem wie lange Hagen noch aushielt - und wie lange es die Scholle noch gab - konnte es sein, dass er mit der Strömung den Eisfjord hinausdriftete ins Nordpolarmeer. Irgendwo dort, oder irgendwo unterwegs, würden er und Halvard ihre Ruhe finden. Für Halvard würde es einfach werden. Für ihn selbst kam die Härte noch: Verhungern, erfrieren, ersaufen, dachte Hagen müde. Die Arktis war schon mittendrin, ihm das Blut dick werden zu lassen, bis es in der Kälte endlich ganz gerann. Das Ufer dort, ganz weit draußen im Süden, war irgendwo auf Nordenskjöld-Land. Grummant vielleicht, die alte Russenmine. Oder die Coles Bay - er war zu weit nördlich um es zu erkennen.

Hagen erschrak. Das bedeutete nichts anderes, als dass er während des Whiteout die Hütten des Sassenfjordes passiert hatte, wo sich manchmal Leute befanden, und dass er am Eingang der Advent Bay und am Flughafen von Longyearbyen vorbeigedriftet war. Die letzte Chance auf einen Kontakt mit Menschen. Wie zum Spott hörte er auf einmal das ferne Heulen einer Düsenmaschine und blickte in den Himmel hinauf. Er sah sie im Steilflug das Firmament hinaufjagen, ein winziger Vogel nur, dann drehte sie südöstlich ab. Brachte Russen auf Landurlaub nach Moskau. Oder nach Murmansk. Hundertfünfzig Leute saßen an den Fenstern und starrten jetzt verzückt auf die Landschaft hinab, in der er gerade krepierte. Ohne Hoffnung suchte er nach einer letzten Rakete, doch inzwischen war die Maschine verschwunden. Hagen warf den leeren Abschussstift auf das Eis.

Mhm, dachte Hagen. Mhm. - Also so. An der Seite seines Sohnes. Hoffentlich trieben sie noch eine Zeit lang zusammen auf die See hinaus. Es starb sich leichter in Gesellschaft. Ganz unerwartet verspürte er das Bedürfnis, den kleinen Leichnam zu streicheln, der unverändert nah vor ihm hertrieb und darauf wartete, dass Mutter Arktis ihn zurücknehmen würde in ihren Schoß. Er fragte sich, ob Solveig ihn betrauern oder ob sie ihn nur verfluchen würde. - Solveig. - - - Was ging ihn diese Frau an? Was ging ihn das Ganze hier an?

So wie das Eis aufbrach, brachen die Erinnerungen auf. «Ich hab‘ ganz schön Lust auf Dich!» - - - Lüsternheit nicht aus Nähe, sondern aus dem Verlangen nach Unterwerfung. Ihre kalten Machtspiele mit der eigenen Attraktivität. Das glänzende Haar damals schwarz bis über die Schultern hinab, der Mund stets eine Spur zu spöttisch. Die Art wie sie ihn immer wieder gefordert hatte durch das Auftauchen neuer Rivalen. Manchmal hatte er sich eine Fliegenklatsche gewünscht, obwohl er wusste, dass nicht alle von ihnen echt waren. Sie genoss es, wenn seine schmale Sicherheit ins Schwimmen geriet. Ihre lauten Gedankenspiele. Gedanken, denen er zu seinem Schutz treuherzig unterstellte, es seien die selbstverliebten Phantasien einer schönen jungen Frau. Die verwundeten Blicke, die sie manchmal erntete, wenn sie mit ihm an anderen Männern vorbeiging. Der feine Nebel von Triumph um ihre Lippen, wenn sie vorgab, die Blicke nicht zu bemerken.

Widerstrebend gestand er sich ein, dass der sägende Scooterfahrer in jener Nacht nicht der Erste gewesen war, sondern nur der Erste, dessen Anwesenheit sich für ihn nicht mehr verdrängen ließ. Der Geruch von Pfeifentabak, als er drei Monate nach ihrer Heirat von einer Dreitagestour nach Karasjok zurück gekommen war. Ihre Ausstrahlung einer animalischen Zufriedenheit, als hätte sie all ihre Weiblichkeit in eine einzige Nacht gestopft.

Hagen hatte es geahnt, aber nichts gesagt. Er hatte eine Flasche Weißwein geöffnet, und sie tranken und begannen zu reden, während draußen der Wind den Regen gegen die Dörfer warf und drinnen das Haus sich mit dem Geruch von brennenden Holzscheiten füllte. Es war eine warme Atmosphäre gewesen, nur zwei Kerzen brannten. Dann hatte sie begonnen zu reden, die Sprache kalt, präzise, akzentuiert, wohlüberlegt und darauf abzielend ihm zu zeigen, wo für ihn die Grenzen seiner Ansprüche lagen. Sie hatte Jacobson wiedergetroffen, einen Textilhändler, mit dem sie vor Hagen kurze Zeit verlobt gewesen war. Jacobson hatte sie nicht vergessen. Er hatte gelitten und geweint. Angeblich war er geschäftlich ins Dorf gekommen, doch bald schon hatte sie wie mit dem Skalpell aus ihm herausgeschält, dass er nur ihretwegen war. Sie war mit ihm in das kleine Hotel «Reichsadler» gegangen, in das Zimmer mit dem zu kurzen Bett unter der Dachschräge. Zum Ende ihrer gemeinsamen Zeit mit ihm damals hatte sie ihn so eingeschnürt, dass er aufgehört hatte mit ihr zu schlafen.
«Jetzt konnte er wieder.»
Ihre Stimme war weich und warm geworden. Es musste Rührung über sich selber sein.
Hagen schwieg und sah sie ausdruckslos an.
«Tja», sagte er. Dann hob er sein Glas. - - - «Prost.»

Sie hatten lange nichts gesagt. Dann breitete sich wieder jener verlorene Ausdruck über ihre Züge, der sich ihrer immer dann bemächtigte, wenn sie mit sich selbst konfrontiert war. Seltsam, dachte Hagen: Vielleicht war sie der einsamste Mensch gewesen, den er je gekannt hatte. Kurz nach ihrer Eröffnung war sie wie wild über ihn hergefallen, hatte versucht ihn zu küssen und ihn zu sich zu ziehen. Doch er hatte sich still geweigert und war alleine in die Nacht hinaus verschwunden, um nachzudenken. Es gab Frauen, fand er, die waren ohne eigenes Zutun zur Hure geboren. Sie mochten stolz sein und kalt, in Wirklichkeit hielten sie so wenig von sich, dass sie sich nur auf ihren Körper verließen, weil sie in den Wert ihrer Seele niemals Zutrauen gefasst hatten. Sie besiegten Männer, und ihr schönster Triumph war ein zerstörter Mann. Aber es gelang ihnen niemals, den Schmerz in sich selbst zu zerstören. Das Gefühl eines tiefen Ungeliebtseins, für das Hagen nichts konnte, aber dessen Preis er nun bezahlte. Sie wird es noch eine Zeitlang so weitertreiben, dachte Hagen ohne Hassgefühle, und keiner wird ihr helfen. Sterben wird sie so einsam wie ich hier.

Er dachte an seine neuen Touren danach, und an das Gesicht, mit dem sie ihn bei jeder Rückkehr begrüßte. Ihre Ungeniertheit, mit der sie ihm wortlos signalisierte, dass er seine Räume nur dort fand, wo sie sie ihm erschließen würde. Ihre Blicke, mit denen sie ihn wortlos verglich, mit wem auch immer. Seine niemals eingestandenen Zweifel über ihre Schwangerschaft und das seltsam fremde Kind, das sie ihm gebar und das so wenig von ihm hatte. Die anderen, die hinter seinem Rücken gekommen und gegangen waren, während Solveig unbeirrt auf ihren damenhaften Ruf bedacht gewesen war. Sein nachlassender Widerstand, wenn ihre ungezügelte Körperlichkeit ihn zurückzog in ihren Bann, und sein misstrauischer Blick zwischen ihre Schenkel, als könnte er dort Spuren finden, die seine als Verdacht kultivierte Gewissheit bestätigten; wenngleich er Angst vor jeder endgültigen Einsicht hatte. Die innere Wut, wenn er alleine unterwegs war, und die alles überschäumende Ergebenheit, wenn sie immer wieder nach ihm griff. Er hatte niemandem von seinem Verdacht erzählt, mit Ausnahme eines alten Rentierzüchters in Karasjok - ein Lappe, mit dem er die ganze Nacht lang getrunken hatte. Er hatte gehofft, verstanden zu werden.
«Lieber bin ich mit zwanzig Prozent an einer guten Frau beteiligt als mit hundert an einer schlechten!», hatte der alte Sulo dröhnend gelacht.

Danach hatte Hagen sich zugesoffen.

Mhm, dachte Hagen sich. Wahrscheinlich ist es auch nur zu zwanzig Prozent mein Sohn, das da drüben. Eher weniger. Weiß nicht von wem, aber von mir ist er nicht. Er hatte sich stets wohl gefühlt zwischen ihren Beinen, aber das hatten genug andere auch getan. Warum sie dennoch bei ihm geblieben war, verstand er nicht. Wahrscheinlich, weil seine Zurückgezogenheit ihr die entsprechende Sicherheit bot. Und außerdem gab es da noch das Kind, das sie großzuziehen hatten. Zu seinem Unbehagen hatte der Kleine ihn von Anfang an vergöttert und eine Nähe bei ihm gesucht, die er nie zu geben bereit gewesen war. Andererseits konnte er sich der Anziehung des Kindes auch nicht ganz entziehen, und - wäre nicht Solveigs Betrug dazwischen gestanden - es hätte eine intensive Partnerschaft mit dem Kleinen werden können. Aber das nagende Gefühl, nicht zu wissen, wer von den Vielen es gewesen war und auch nicht bestimmt zu wissen, dass er selbst es nicht gewesen war, hatte ihn das Kind umkreisen lassen wie ein Beobachtungssatellit. Er hatte sich ausphantasiert, dass das Blut sprechen würde, falls es etwas Gemeinsames zwischen ihnen gab. Aber falls das Blut je gesprochen hatte, war Hagens Misstrauen zu groß gewesen, um es anzuhören.
Warum er bei ihr geblieben war, begriff er genau so wenig. Irgendwie musste es an dieser tanzenden Möse gelegen haben und an dem Gefühl, dass es glühende Annehmlichkeiten gab, die man schätzen musste - und Anderes, was man nicht zu wissen brauchte, wenn man nicht wollte.

Deshalb also, dachte Hagen sich. Deshalb habe ich ihn widerstandslos gehen lassen, er war eh‘ nicht der Meine. Erst jetzt wurde ihm bewusst, dass er sich dem Anspruch des Kindes entzogen hatte, indem er es ständig in Bewegung hielt anstatt ihm Anker zu sein. Oklahoma oder sonstwo, dachte Hagen sich, ich wollte ihn nie haben, auch wenn er ständig hinter mir her war. Aber was habe ich mit diesem Kind zu tun? Ist es der Wurf von Synnöve Rundstedt? Von Ulf Sjöberg, dem Mechaniker? Von Sigurd Esbjerg, dem Gemeindepfarrer? - - Prima Sache, fand er: Ich stehe auf einer Eisscholle, bin ausgehungert, friere wie eine Sau, habe dieses Kind da drüben umgebracht, das jetzt blau ist und immer blauer wird, habe alle Zivilisation hinter mir, meine Frau hat diesen Typ und will nach Oklahoma, und kein Mensch weiß, ob sie immer noch so schnell die Beine breit macht, meine Raketen sind zu Ende, meine Scholle wird kleiner und immer kleiner und die Sonne wird stärker und immer stärker. So einen schönen Tag soll einer erst mal kriegen zum Sterben, und wahrscheinlich macht sie immer noch für jeden die Beine breit, und in Oklahoma soll es jede Menge Schwarze geben, und eines Tages wird der Studierte einen Wurf kriegen mit Kaffeehaut und Kräusellocken, und dann wird er ihr genau so zwischen die Beine linsen und nix kapieren, und da soll einer sich noch wundern, dass es einen hinaustreibt, dahin wo die Welt noch still ist und wo keine Sauereien passieren, aber das gönn' ich ihm, drüben in Oklahoma, und alle sollen sie sie durchlassen, und meinetwegen alle gleichzeitig, und klar hab' ich sie immer allein gelassen, aber kein Mensch fragt, was ich allein war mit dieser Frau, und ich hab' immer die Augen zugemacht, wenn sie die Beine aufmachte, denn ihre Möse hab' ich gemocht, aber ihr falsches Gesicht, das mocht' ich nie, und deshalb hab' ich sie auch nie geküsst dabei, war mir irgendwie zuwider, auch wenn sie sonst kaum zu bremsen war und jedenfalls im Bett war sie nicht schlecht, wenn nur dieses Gefühl nicht gewesen wäre, dieses ständige Gefühl.

«Mit dir geh' ich bis ans Ende der Welt!», hatte sie ihm gesagt, als sie damals die Ringe getauscht hatten.
Schon Wochen später hatte sie ihn alleine losgeschickt. Er erinnerte sich an das Bild damals, als sie in der Haustür stand bei

seiner ersten Tour nach Bodö, geborene Verräterin, mit ihren inzwischen wieder roten Haaren, die das stets fordernde Gesicht mit dem Feuer hinter den harten Augen leuchtend umrahmten, und dazu diese schwer verständliche Ungebärdigkeit in ihr, als ob sie etwas nicht erwarten konnte. Ihre gestelzte Art mit Sprache abzuwehren, sobald man ihr zu nahe kam; die Art wie sie sich zusammenzog und natternartig zum Angriff überging, wenn etwas sie nur leicht berührte; die Koketterie mit ihrer Einsamkeit, obwohl sie selbst es war, die sich jeder Annäherung entzog, weil sie sich jedem Mann gegenüber so unterlegen fühlte, dass sie ihn nur ertrug, wenn sie ihn betrog.

Manchmal hatte sie ihm Angst gemacht im Bett: Hagen war es gewohnt, Tiere zu beobachten und ihre Bewegungssprache zu interpretieren. Intuitiv erfasste er, wenn ein Wesen Ruhe in sich spürte, wenn es witterte, und wenn es sich entschloss zu töten. Solveigs Bettsprache war ein pfeifendes, süchtiges Einsaugen gewesen, ähnlich wie bei einer Kettenraucherin. In ihrer Lust hatte sie sich niemals frei gezeigt, sondern unersättlich, in steter Angst zu wenig zu bekommen und zu viel Unerfülltes zu behalten. Auf gespenstische Weise war sie sogar beim rauchigsten Höhepunkt noch diszipliniert: Er musste stimmen. Er musste besser sein als das, was man landläufig bekam, damit sie sich das Gefühl bewahren konnte, selbst besser zu sein. Denn auf ihre Art rivalisierte sie mit der ganzen Welt, und Männer verwöhnte sie nicht, sondern beherrschte sie, indem sie sie mit ihrer Möse anglühte und vorübergehend erblinden ließ. Wahrscheinlich war es für sie der Triumph schlechthin gewesen: Am Ende machten zwanzig Männer sich Gedanken, ob sie der Vater waren. Dem Mann, mit dem sie verheiratet war, schob sie es unter. Dem echten Vater behielt sie es vor. Den anderen eröffnete sie eine drohende Möglichkeit.

Schätze, man denkt nur vor dem Krepieren so viel nach, vermutete Hagen. Wenn einer schnell krepiert, läuft ein schneller Film ab. Wenn einer langsam krepiert, ein langsamer. Zum Schluss hat man irgendwas verstanden, aber man hat nichts mehr davon. «Bis ans Ende der Welt!» hörte Hagen sie, und er blickte auf den weißen Slip auf dem Bretterboden, während er sie schüchtern quirlte und letztlich ohne alles Verständnis auf die Frau blickte, deren kalte Distanz einer Wärme gewichen war, die ausschließlich von ihrer brennenden Scham ausging und genauso schnell wieder erlosch.

Inzwischen war die Mittagszeit vorbei. Die Sonne glühte und ließ schmelzen, was sie in die Finger bekam. Hagen bemerkte es, denn er stand obendrauf: Die Oberfläche seiner Scholle wurde weich, der Schnee quatschte unter seinen Sohlen und langsam bildeten sich schwarze Schmelzwasserlachen, die das Gesicht der Scholle grau werden ließen. Halvards Leichnam hatte aufgehört zu glänzen, sein Eispanzer sich verflüssigt, und der Kleine lag nun gleichfalls in einer Lache aus Schmelzwasser. Hagen erfasste plötzliche Wut, als er das Kind sah, und er warf einen Eisbrocken nach ihm. Nicht sein Sohn, sondern Solveigs zusammengeschossener Betrug lag da drüben. Und da er niemandem ähnlich sah, den Hagen kannte, musste der Vater irgend ein Fremder sein, den sie sich ins Haus geholt hatte. Hätte später nicht der nächtliche Scooter so mitleidlos durch den Eispanzer gegenseitigen Stillschweigens gesägt - vielleicht hätten sie inzwischen zwei von der Sorte, oder drei, keines davon von ihm selbst. Und in der kleinen Arktisgemeinde hätten sie weiter geschwiegen: Solange alle im Stillen profitierten, kriegte keiner den Mund auf. Wenn der erste Tropfen Blut im Wasser war, kamen die Haie geschwommen.

Urplötzlich wurde Hagen schwindlig, er kippte von der Maschine und schlug in den Matsch. Er öffnete die Augen, doch er sah nur schwarze Nacht. Sein Kopf war schwer, und schwer war es auch, bei Bewusstsein zu bleiben. Hagen stützte sich mit den Armen auf, seine Ellenbogen knickten ein, erneut schlug er auf das Eis. Sofort stürzte die Nässe sich über ihn. Ich friere so, dachte er. Mein Gott, wie ich friere. Mit allen Vieren suchte er nach Halt in der Dunkelheit, lag endlich reglos, rollte sich irgendwann auf den Rücken, weil das Eis sein Gesicht zerfraß. Als die Dunkelheit nachließ, stach die Sonne ihm durch die geschlossenen Lider. Hagen schob einen Arm unter die linke Wange und blieb liegen. Das Schmelzwasser durchnässte ihn restlos, es drang auf seine Oberschenkel vor wie Säure. Als er sich kräftiger fühlte, gelang es ihm sich aufzusetzen und sich gegen die Maschine zu lehnen. Es fängt an, dachte er sich. Jetzt gehst du langsam rüber zu dem da, obwohl er dich nichts angeht. Nur, dein Marsch wird länger und unendlich schwerer. Dass man so frieren kann! Er hangelte sich an der Maschine hoch und startete den Motor. Dann setzte er sich vor den Auspuff und genoss die heißen Gase, bis er sich davon erbrach. Komische Art zu sterben, fand er. Erfrieren und dabei heißen Gestank ins Gesicht. Er ließ die Maschine weitertuckern, faltete seine Matte und lehnte sich an den Auspuff. Irgendwann dämmerte er weg.

Er dämmerte noch einen ganzen Tag. Die Temperatur stieg bis auf wenige Grad unter null, und draußen an den Felswänden musste jetzt das Schmelzwasser herunterlaufen, dass es rauschte wie eine Batterie geborstener Wasserrohre. Es ging schnell, wenn die Arktis jemanden los werden wollte. Nur wenn sie spielen wollte, ließ sie sich Zeit. Jetzt hatte sie sich unübersehbar entschlossen, den Winter los zu werden, während es so aussah, als hielte sie sich Hagen noch eine Zeit lang in der Hinterhand. Die Nässe aber hatte ihn voll im Griff, und nur sein «Varmedress», sein Wärmeanzug, den er wie bei allen seinen Scootertouren über die Haut gezogen hatte, temperierte ihn so weit, dass er sich am Leben hielt. Während Hagen gegen die Maschine gelehnt einen Frühlingstag verdöste, stanzte die Sonne Scholle um Scholle aus der Packeisdecke, und was einst Winter gewesen war, wurde zu einer trägen Armee, die sich verschlafen dem Aufbruch entgegen reckte, so träge wie nur ein langer Schlaf es erlaubt, ein Aufbruch, der nicht vom Feind diktiert wird sondern von der eigenen Unternehmungslust und zugleich von der eigenen Unlust Abschied zu nehmen. Einzelne oder kleine Gruppen setzten sich von überall her in Bewegung, um einem ungehörten Versprechen zu folgen, trieben los von Eiskanten oder Gletscherwänden, neue Wanderer nach sich ziehend, eine schweigende, drängelnde Meute, die einem unerklärten Erlebnishunger folgend sich Mann für Mann in Bewegung setzte. Bewegung: Arktis war ewig, schien für ewig gebaut, und war doch immer nur - ewige Bewegung. Kraft, die nur vorübergehend erstarrte und dennoch vorhanden blieb. Kühle Wut, die sich aus ihrer Ruhe hob, ihre selbst geschaffene Welt sprengend, um sie am Ende, das es nicht gab, zur Ruhe zurückzuführen. Zwischendrin schaltete Hagen die Maschine ab, um Benzin zu sparen, dann versank er augenblicklich wieder.

Die Nacht war um einiges kälter. Hagen erwachte davon, dass seine Hände taub waren und kribbelten, während der nasse «Varmedress» an seinem Körper sich so weit erwärmt hatte, dass er sich wieder behaglich fühlte. Wäre nur nicht dieses Gesicht gewesen, das ihn aus so wenigen Metern anstarrte, dass er sogar die Einschüsse in der Brust sehen konnte. Bloß nicht die Ausschüsse, dachte Hagen, es ist so schon schlimm genug. Ich kenn‘ das Kaliber. Bloß nicht die Ausschüsse.

Er versuchte aufzustehen, seine Beine knickten weg. Irgendwie kam er hoch, torkelte an den Rand seiner Scholle. Gleich bin ich drüben bei dir, du fremdes Kind, so oder so. Sieh mich nicht so an, ich war nie dein Vater, verstehst du denn nicht?

Beide Schollen hatten sich einander bis auf Rufweite genähert. Immer noch zu weit, um hinüberzukommen, fand Hagen. Nicht mal mit Anlauf schafft einer das. Aber nah genug, um die Einschüsse zu sehen. Die Nacht hatte einen frischen Schleier aus Reif über Halvards Gesicht und seinen ganzen durchnässten Torso gelegt. Das Blut hatte sich weiter gesetzt. Die feinen Endgefäße waren unter dem Druck geborsten und die austretende Gewebeflüssigkeit hatte das Gesicht tiefviolett gefärbt. Das war mal mein Sohn, dachte Hagen sich, und war es doch nie.

Ihm war schlecht. Sein Kreislauf, den Kälte, Übernächtigung, Hunger und alles Geschehene ausgelaugt hatten, vertrug kein langes Stehen mehr. Hagen sah einen schwarzen Punkt, der nicht in die Landschaft passte. Myriaden schwarzer Punkte. Er schlug erneut in die halb gefrorene Schmelzwasserbrühe, die der vergangene Sonnentag ihm auf die Scholle gelegt hatte. Der Kälteschock im Gesicht ließ ihn wieder hochfahren. Auf allen Vieren fand er zurück zu seiner Maschine und der Alumatte. Er faltete sie auseinander, fiel darauf, zog eine der Folien über sich, wurde bewusstlos.

Um ihn herum zogen prustende Nüstern durch das Wasser. Neugierig beäugt von schnauzbärtigen Begleitern, die ihn ohne alle Rachsucht umkreisten, watete Hagen durch seichtes Nirgendwo. Seine Gliedmaßen immer schlechter durchblutet und inzwischen gefühllos, zog die Erschöpfung ihn so tief hinab, dass er den fremden Besuch nicht wahrnahm, der sich klatschend zu ihm auf die Scholle schwang. Ein riesenhaftes Seehundmännchen hatte sich aus dem Wasser gehoben und watschelte nun neugierig über die Scholle. Es schien sich sicher zu fühlen, nahm mit dem untrüglichen Instinkt des wilden Säugers Hagens Hilflosigkeit wahr, denn es ließ alle Vorsicht und allen Argwohn gegenüber den Zweibeinern fahren und näherte sich dem Schlafenden. Hielt an, ließ die Schnauze witternd kreisen, tat einige Schritte, hob erneut die Schnauze gegen den Himmel und nahm erstaunt wahr, dass von dem Zweibeiner nicht die Spur einer Gefahr ausging. Durch seine eigene Beobachtung verunsichert, wurde es mit jedem Schritt vorsichtiger und ungläubiger. Die kalten Mörder, die sich sonst so entschlossen anschlichen und kein Mitleid kannten, hatten also Schwächen. Sie waren nicht so unbesiegbar wie sie schienen. So wie der da lag, war es das Andere, das Gefährliche, was immer nur aufgesetzt gewesen war. Das Männchen kam näher, beäugte die bleichen Züge mit den eingefallenen Wangen und den tiefliegenden Augenhöhlen. Es wandte den Kopf nach der Geruchsspur kalten Blutes, die von der anderen Scholle herüberwehte und senkte die bärtige Schnauze auf Hagens Gesicht herab, nahm die Witterung des Verzweifelten, saugte sie tief ein. So rochen sie also, wenn sie am Ende waren. Mit wach blinkenden Augen legte das Männchen sich neben Hagen nieder, senkte den Kopf auf das Eis, die lebhaften Knopfaugen dem einstigen Feind zugewandt. Andere kamen. Kreisten schnorchelnd um die Scholle. Beäugten das Bild. Hoben die Schnauzen aus dem Wasser. Zeigten jedoch nicht den Vorwitz ihres Anführers, dessen Züge sich entspannt hatten und Schläfrigkeit verrieten.

Hagen wandelte weit unterhalb jeder äußeren Wahrnehmung. Bilder geisterten durch seine Traumwelt wie Wolkenfetzen.
«Ich geh‘ mit dir bis ans Ende der Welt. Bitte verlass mich nicht!» Ihr verschwitztes Gesicht in den Kissen. Ihre Stimme drang zu ihm aus zerfetzten Erinnerungen. Die hageren Züge des melancholischen Zeichenlehrers, den man strafeshalber sechs Monate an die Dorfschule versetzt hatte, schoben sich ebenso daraus hervor. Eine gehemmte, dürre Figur mit welker Haut; müde Bewegungen und fahrige Augen über einem dünnen blonden Schnauzbart. Er war innen leer, aber es reizte sie, seine Ver-

schlossenheit aufzubrechen. Sie brauchte nicht viel Zeit dazu. Plötzlich malte er Bilder voller strotzender Farben. Keiner im Dorf verstand seine Machwerke, doch kleisterte er schweigend die Eingangshalle des Schulgebäudes damit zu. Im Abendkurs der Volkshochschule murmelte er kurze, lieblose Anweisungen an die teilnehmenden Hausfrauen, dann versank er wieder in seinen verqueren Bildern voller Knallfarben und kraftvoll gespreizter Formknäuel. - - Solveig ignorierte seine Abreise. Sie hatte gehabt, was sie haben wollte.

Kurz vor Thomsens Abreise war Hagen nachts mit dem Auto von Narvik zurückgekommen, als er seine Frau von hinten in den Scheinwerferkegel bekam. Er erkannte ihren cremefarbenen Mantel und die tizian leuchtenden Haare unter dem bunten Wollmützchen, die sich über den hochgeschlagenen Kragen schmiegten, und den sonderbar stelzenden Gang, den sie immer dann auflegte, wenn sie kurz zuvor zerflossen war. Sie war erst hundert Meter vom Haus des Lehrers entfernt. Hagen fuhr an ihr vorbei, als kennte er sie nicht, eilte ins Haus und kotzte Galle. Zwanzig Minuten später lag er im Bett, hörte wie sie sich unten in der Küche wusch. Das Bild stieg in ihm hoch, wie sie sich zwei Tage zuvor mit einem nicht enden wollenden Kuss von ihm verabschiedet hatte.
«Ich brauche dich!»
Ein Charakter, den er nicht verstand. Schnell floh er in Schlaf.

Er sprach nie davon. Sie sprach nie davon. Doch ab da verschwand sie immer öfter, jedes Mal bei ihrer Rückkehr hörte er, wie sie sich wusch. Der Lehrer ging nach Oslo, wo er eine Zusatzausbildung zum Maltherapeuten begann. Sie waren alle gekommen und alle wieder gegangen. Hagen hatte geschwiegen wie immer. An jenem Morgen nach ihrer nächtlichen Begegnung hatte sie mit ihrem feinen, kalten Lächeln am Frühstückstisch gesessen.

«Tja. - - - Es tut mir sehr leid, dass ich dir so weh tun muss!» Mit schwer verständlichem Stolz erhob sie sich und ging in den Stall. Hagen ging und schoss ein Dutzend Schneehühner.

Thomsen, der Bücherwurm mit dem feinen Pinsel, der sie so unwiderstehlich gekitzelt hatte. Als Halvard zur Welt kam, hielt Hagen ihn stumm in den Armen. Er war aus ihrem Schoß gequollen wie Verrat, und während man ihr den Damm vernähte, legte man ihm sein Kind auf die Brust. Hagen hatte nur darauf gestarrt, während das kleine Bündel ihn aufmerksam beblinzelte. Nach dem pflichtgemäßen Klaps auf den Po hatte er nicht geschrien, sondern einen wehleidigen, schüchternen Kickser von sich gegeben. Umso erstaunlicher war es, wie er zu schreien begann, als man ihn dem stillen Hagen wegnahm und ihn seiner Mutter auf die Brust legte. Diese, von der Geburt erschöpft und mehr schlafend als bei Bewusstsein, flüsterte etwas mit ihm, was Hagen nicht verstand. Ihre roten Haare waren verklebt und strähnig, die meist so kalten Augen ohne Glanz, eher ein krankes Tier als die Frau, die immer nur diese unerklärliche Mischung aus Bedrohung, Kälte und warmer Verführung ausgestrahlt hatte. Sie küsste den Kleinen auf sein blutiges Gesicht und der schrie nur. Nach einigen ungehörten Worten gab man ihn Hagen zurück. Das Kind verstummte augenblicklich und schlief ein, mit dem Ausdruck friedlicher Geborgenheit auf seinen Zügen. Den erstaunten Blick der Stationsärztin hatte Hagen lange nicht vergessen. «Das hat man selten, dass sie vom ersten Moment an so eine Vaterbindung haben», hatte diese gesagt.
«Haben sie viel mit ihm geredet, während ihre Frau schwanger war?» - Hagen hatte unsinniges Zeug gestottert, die Ärztin schob es auf seine Übernächtigung und wusch das Kind ab. Einen Atemzug lang hatte sie gezögert, auf die schlafende Mutter geblickt und ihm das kleine Bündel wieder in die Arme gelegt. «Hier, das ist ein gutes Zeichen!»

Hagen hatte verwirrt genickt. Entweder der mickrige Thomsen mit seiner Malgruppe für unterforderte Hausfrauen oder Willi der Fußballspieler, der eine ganze Zeitlang bei ihr im Kurs gestanden hatte. Anscheinend jedoch war er zu direkt zum Offensivspiel übergegangen, denn sie war empört nach Hause gerauscht: «Ej! Soll ich dir jetz' mal anne Brusd packen?», hatte er sie während eines Waldspaziergangs gefragt. Keine Frage, dass sie sich nicht geweigert hätte, hätte er sie standesgemäß erobert. So aber war es Majestätsbeleidigung, die sie unverzüglich ihrem Gatten rapportierte. «Ich möchte nicht mehr, dass du solche Leute triffst!»

Sie lebte in einer Welt, die er nicht begriff, weil sie ihm zu viele Kringel aufwies. Ihr Selbstbewusstsein, von dem sie gerne redete und das sie gerne mit schmalem Mund zur Schau trug, war ihm fremd, da er Derartiges in seiner Lebenswelt nicht benötigte: Hagen tat, was zu tun war. Wenn sie wieder einmal getan hatte, was er nicht begriff, ging er und tötete ein Tier, und der kalte Wind, die endlose Weite des Nordens und der peitschende Geschoßknall, der das Opfer in den Überschlag sandte, richteten sein verbogenes Lebensgerüst wieder gerade. Während sie zu Hause saß und sich neue Pirouetten überlegte. Irgendwie, fand er, dachte sie mit den Schenkeln. Es war kein Ziel in ihrem Verhalten, nicht einmal Methode: ein ruheloses Unterwerfen von Schwächeren auf der Suche nach sich selbst. So rannte sie hinter sich selbst her, ohne jemals anzukommen.

Ein Tropfen schlug in Hagens Auge, dann noch ein Tropfen. Die beiden Tropfen zerrten ihn aus seiner Unterwelt hervor. Sie rollten über seine Tränensäcke und wurden vom Augenrand der Gesichtsmaske aufgesogen. Von außen sickerte wieder Wirklichkeit in ihn hinein. Fremder Atem in seinem kalten Gesicht. Warmer Atem, der dampfte. An Hagen selbst dampfte nichts mehr, alles zitterte. Selbst das Bild des Kindes in seinen Armen hatte gezittert, bevor ein herabfallender Tropfen es erschlagen hatte. Als er langsam und nur schwer zurückfindend die Augen aufschlug, sah er ein dunkles Gesicht über sich gebeugt. Sein Blick blieb trübe, so sehr er sich auch anstrengte. Ein dunkles Gesicht. In Oklahoma soll es ja viele Schwarze geben. - Wieso Oklahoma? Hatte seine Phantasie ihn hinübergetragen? Die Scholle? Der Wind? Wo war Halvard? Hagen wurde nicht wach, aber wach genug, um zu erkennen, dass sein Verstand dabei war einzufrieren.

Was wollte der Schwarze von ihm? Erneut tropfte ihm Wasser in sein Gesicht. Das Gesicht über ihm beschnupperte ihn prustend, stieß ein zufriedenes Quieken aus und schnellte davon. Hagen hörte den Aufschlag eines schweren Leibes im Wasser, und im nächsten Moment spritzte eine Fontäne über ihn. Endgültig schlug er die Augen auf, jetzt wieder dort angelangt, wo er hingehörte.

Die Sonne stand auf Ostnordost. Es musste vier Uhr morgens sein. Hagen versuchte zusammenzurechnen, wieviele Tage er schon auf der Scholle lag. Er schaffte es nicht mehr, seine Kraft war am Versiegen, sein Hirn taub und auf den Ausgang gerichtet, wo Zeit belanglos war. An der Maschine zog er sich hoch. Der Robbenbulle lag auf dem Rücken im Wasser und ließ ihn keine Sekunde aus den Augen. Er prustete. Ein anderes Prusten antwortete woanders her. Hagen mühte sich zu stehen. Es gelang. Er war durstig, fraß Schnee, ging dazu wieder auf die Knie, wurde schwindlig, arbeitete sich wieder hoch. Jetzt waren es zwei Robben, die vor ihm im Wasser trieben, während er bemerkte, dass Halvard sich wieder entfernt hatte.

Etwas störte ihn, als er um sich blickte, aber er wusste nicht was.

Etwas störte ihn.
Aber er wusste nicht was.
Auf wackeligen Beinen stakste er von der Maschine weg. Irgendwie sah hier alles anders aus.

Es waren mehr Schollen geworden, dachte er, während er sich weiter schleppte. Verdammich, es waren viel mehr Schollen geworden. Und es war viel mehr Wasser geworden, ringsumher. Mehr Schollen und mehr Wasser, fand er, als er schon nach dreißig Metern am Wasser stand. Stumpf glotzte er auf die grüne Brühe vor sich, die gierig ihre Zunge nach dem Eis ausstreckte. - - Treibeis! War vorher noch nicht da gewesen. Einer trüben Ahnung folgend, wandte er seine Schritte nach Norden. Schon nach wenigen Metern wurde ihm klar, was ihn gestört hatte: Seine Scholle war nicht mehr da. Worauf er stand, war ihr schäbiger Rest. Vielleicht noch fünfzig Meter lang, vielleicht noch dreißig Meter breit. Irgendsowas. Ganz langsam erfasste er, dass er nicht auf neue Schollen um sich her blickte, sondern auf die Stücke seiner eigenen Scholle, die sich immer wieder geteilt hatte, während er seine Zeit verdämmert hatte. Nun ja, dachte er resignierend, würde wohl bald vorbei sein. Halvard lag im Gegenlicht. Solveig lag in Oklahoma. Er lag bald im Wasser. Alles nur noch Wasser hier außen rum. Junge, Junge, nur noch Wasser.

Vielleicht war er zu erschöpft, um sich aufzuregen. Vielleicht hatte auch schon die Ruhe des nahen Endes von ihm Besitz ergriffen. Er schlich zu seiner Maschine, brach dort zusammen, hebelte sich auf den Sitz, legte die alufarbene Eihülle um seine Schultern, wartete auf den letzten Verrat in seinem Leben, den die Arktis bald vollführen würde, fand die Zeit zu schade um wach zu bleiben, wurde wach von dem trockenen Knall, mit dem ein Drittel der Scholle sich von ihm löste. Ich frag‘ mich, warum ich so verrückt nach ihr war, dachte Hagen sich. Er drehte sich auf die andere Schulter, um dem Leichnam seines Sohnes, der nie sein Sohn gewesen war, den Rücken zu kehren. Ohne dich läge ich jetzt nicht hier, zuckte es ihm durch den Kopf.

Weit hinten im Fjord ruderte eine kleine weiße Scholle quer zur Fahrtrinne über das Wasser. Die Sonne war hungrig im Frühjahr, und sie fraß alles Eis, dessen sie habhaft werden konnte. So wie das Eis zuvor den Fjord gefressen hatte, und Halvard gefressen hatte, und Hagen schon halb gefressen hatte. Doch die kleine Scholle schützte sich vor den sengenden Tentakeln des Planeten, indem sie immer wieder untertauchte und Wasser über ihren Rücken laufen ließ. Wie ein aufgeregter kleiner Eisbär pfeilte sie durch die kräuselnde See, die im Frühjahrslicht schillerte wie ein Meer voll Jade. Wo sie andere kleine Schollen fand, da stieß sie diese an und sie folgten ihr. Gemeinsam bissen die kleinen Treibeisschollen in die großen Schollen, aus denen sich unverzüglich andere kleine weiße Gefährten lösten und - klickernd, klackernd, quietschend und kollernd trieb die stetig anwachsende Gesellschaft über den Fjord, bis sie so stark geworden waren, dass sie in einem scharfen Schwenk nach Südwest ihren Marsch fjordauswärts aufnahmen. Ausgelassen scheppernd wie Halbstarke jagten sie die Bay hinaus, alles Alte, Schwere, Feste, Unbewegliche hinter sich lassend, denn die Freiheit des Werdenden lag noch stets in der Zerstörung.
Während die Kälte sich weiter in Hagens ausgemergelten Leib schob, dämmerte er erneut davon.

Angeregt vom intensiven Licht eines Maitages, das sich durch die Rinnen stürzte, erhoben die Quallen sich aus den Untiefen des arktischen Ozeans, neugierig aufwärts strebend in kurzen, kleinen Stößen, die ihre Schirme blähten und die roten Darmschlingen in ihrem Inneren aufleuchten ließen. Ihre Tentakel fingerten elfengleich durch das Halbdunkel, schön, giftig und gefährlich, schwerelos, körperlos und luzid. Und während auf dem Meeresgrund die Augen der Ertrunkenen erblühten, erhob sich ein tänzelndes Millionenheer weißer Körper, scheinbar seelenlose Hüllen, die eine große, gewaltige und ewige Seele bargen. Und der unfassbare, kalte Geist der Zeitlosigkeit versetzte ihre schwebenden Glieder in den synchronen Rhythmus eines schnellen Atems, der nirgendwoher kam und nun überall wehte. Ein lautloses Ballett erhob sich, an Fäden gezogen aufwärts gleitend, eine Masse, die eins war und alles und unhörbar und träge und alles andere als dumpf. Etwas geschah, was den Rhythmus der Menschen ein ums andere Mal zerbrach und ihre dürre Existenz an den Rand alles Seienden drängte. Ein lautlos flatternder Millionenruf aus der Tiefe drang abermals in Hagens Träume, die einer anderen Quelle als seinem eigenen Ich entsprangen. Die die Erlösung von allem Schmerz versprachen und die Erlösung von aller Hoffnung. Die sich weich und weiß und wesenlos über Hagens Seele zu schieben begannen, dass es hell in ihm aufleuchtete, während sein inneres Jetzt und Hier sich aufbäumte gegen das Loslassen vom Endlichen. In Hagens Ohren widerhallte das Summen eines ruhigen Stromes, zu dem die Flüsse schneller liefen, als der Strom selbst. Während die Quallen sich an ihm zu laben begannen, begann es aus dem Strom seinen Namen zu rufen, und Hagen sah klaren Auges, mit welcher Ruhe der Strom sich über Eisgebirge wälzte, bis sie versanken. Erneut hörte Hagen seinen Namen rufen, aber in ihm rief es noch immer nach Solveig, und noch war der Schmerz größer als die Sehnsucht nach Erlösung. Seine Hände aber hatten bereits den Vorhang durchdrungen und tasteten heimatlos umher in jener Gegenwelt, aus welcher ferne, eintönige Klänge herüberwuchsen, und die er mit warmen Fingern zu ertasten begann. Die Quallen fraßen weiter an seiner Seele, und ihre feinen Münder raspelten über den sauren Belag aus Salz und Horn, den das Leben ihm gesponnen hatte. Hagen fühlte eine neue Art von weicher Schutzlosigkeit, doch sie war ihm nicht unangenehm sondern wärmte ihn. Während zwei Wirklichkeiten in Hagen verschmolzen, die sich ein Leben lang ausschlossen, bis sie erst zum Lebensende hin zueinander fanden, erhob die weiße Mörderin Arktis sich wie eine schöne Schlafende und ließ den Schnee von ihren Hängen rieseln. Von Südosten her erwachte ein warmer Wind, dessen Finger über das ausgekühlte Land strichen wie eine zurückgekehrte Liebende. Von Südwesten her nahm der Golfstrom die Insel zwischen seine Schenkel, dass sie sich zu regen begann, und er brachte die Sonne Mexikos, deren Kraft sich tief im Wasser gehalten hatte.

An Hagens Seele fraßen weiter die Quallen. Als sie durch die Kruste hindurch waren, begannen sie, diese mit ihrem Speichel anzulösen. Ihre feinen Raspeln eröffneten die ersten Blutgefäße, und Hagen verspürte Wärme, die sich strömend über seinen Körper breitete. Mit der schrittweisen Auflösung seiner Körperlichkeit steigerte sich sein Wohlgefühl wie unter einer Vielzahl liebevoller Berührungen. Ihm wurde leicht, ihm wurde panzerlos warm. Er begann sich im Wechsel wohlzufühlen. Je mehr seine tastenden Hände das Nichts erreichten, desto fester wurde ihr Halt. Hagen begriff, dass der Tod Freund sein konnte, auch wenn er mordete.

Er spürte, dass eine Hand kam und ihn vorsichtig auf den Rücken drehte. Seine Arme fielen konturlos auseinander und verloren sich im Irgendwo. Auch seine Beine spürte er nicht mehr. Auch Solveig spürte er nicht mehr. Halvard war schwerelos von ihm gewichen. Und mit seinen Gliedmaßen waren auch die Quallen verschwunden. Hagen hörte Stimmen murmeln, die er nicht verstand. Es schien eine fremde, eine östliche Sprache zu sein, deren monotoner Singsang ihn beruhigte und ihm sagte, dass er nichts zu fürchten hatte. Dass der Weg, den er sich zu gehen anschickte, vielbefahren war. Dass es zwar keinen Rückweg gab, aber nur, weil niemand, der drüben war, ihn je gebraucht hätte. Dass er sich nicht ängstigen solle, weil die Angst das Diesseitige sei, das an ihn und nur an ihn gebunden sei und mit ihm verschwinden werde. Dass man ihm entreißen werde, was ihn schmerze, sich selbst nämlich, und dass es der letzte große Schmerz sein würde. Dass man ihn bald verlassen werde, weil man bald nicht mehr gebraucht werde, denn bald werde er selbst nicht mehr ER selbst sein sondern ES selbst. - Dass nichts mehr schlimm würde, aber alles gut.

Der Gesang wurde leiser, und durch geschlossene Augen erkannte Hagen, dass die kahlköpfige Gruppe in ihren Roben sich entfernte. Sie schritten barfuß über das Eis und blickten weder links noch rechts, so endgültig war ihre Gewissheit. Weich und unmerklich in einen dämmerigen Halbschlaf emporsteigend, nahm Hagen wahr, dass er nicht mehr wusste, wer er war, aber auch, dass es ihn nicht mehr interessierte. Er lag in angenehmer Helle, fühlte das Licht, das heilte und zersetzte und neu zusammenkommen ließ, fühlte, dass sein altes Selbst immer dünner und weniger wurde, wie eine nur ganz langsam anwachsende Bewusstlosigkeit der edelsten Art. Es war ihm, als würden nacheinander kleine Feuer in ihm verlöschen, und mit jedem Relais wurde ER weniger - aber auch die Spannung sank in ihm ab wie eine langsam ersterbende Betriebsspannung. Hagen bemerkte den Vorgang an und in sich selbst mit erstaunter Verwunderung, und doch schlief er tief und fest und war unzugänglich für alle Zeichen der äußeren Realität, während seine innere Realität ein einziges - und letztes - Mal aufblühte, bevor sie den Mann Hagen zum Erlöschen bringen würde. Seine Aludecke war vom Wind verrutscht, er lag halb auf ihr, doch er fühlte keine Kälte, sie war unwichtig geworden, weil sie keinen Bezug zu einem Menschen mehr fand.

So wie Hagens Bewusstsein sich in kleinen Schritten verdunkelte, verdunkelte sich auch die Landschaft wieder, und schwere Wolken voller Schnee legten ihr Tuch voll Trauer über den Fjord. Bald würde es wieder schneien. Die Vögel zogen sich in die Felsen zurück, nur wenige Möwen noch kreisten fern am Ufer, stießen herab, zogen empor, stießen herab und empor - wie es seit Jahrtausenden gewesen war und für Jahrtausende sein würde. Die Schmelzwasserlachen auf den Schollen besannen sich eines anderen und zogen sich fröstelnd zusammen, während sie ihr nacktes Inneres eilig mit einer dünnen Haut überzogen. Und selbst die Bande von Treibeisschollen, so mächtig und vielzählig sie inzwischen geworden waren, schob sich eng zusammen ohne einen Mucks. Erst als ein kräftiger Ruck Hagens Scholle erzittern ließ, meldete die Natur sich wieder bei ihm mit einem lauten Wort. Und als der zweite Zusammenstoß seines Raumschiffs mit einem Nachbarschiff ihn schüttelte, fand er sich zurückgeworfen in eine fremde Welt, deren Anblick für ihn umso mehr Grausamkeit besaß. Bleischwer und ohne jeden inneren Grund unter den Füßen hob er den Kopf.

Er brauchte lange, bis er begriff, dass eine gewaltsame Unterbrechung seines Weges ihn zurückgezwungen hatte. Das Zittern seiner Scholle hatte ihn durchdrungen wie ein Signal aus einer fremden Welt, und der Schlag ins Gesicht, den eine ersterbende Wirklichkeit ihm verabreicht hatte, hieß einen Regen platzender Quallen aufschäumen, bevor er endlich begriff. Seine linke Wange ruhte auf seinem gestreckten linken Oberarm. Er wollte den Kopf heben, doch immer wieder sank er zurück. Hagen sah wenig mehr als Eis, Eis, Eis und er sehnte sich heim, heim nach den wärmenden Gesängen seiner kahlen Begleiter.

Vom offenen Ende des Fjordes walzte Nebel heran wie eine Mörderbande. Hagen sah ihn kommen, aus seiner liegenden

Perspektive, und ihm war, als sollte er von einer fremden, diesseitigen Macht überrollt werden, die nur daran interessiert sein würde ihn zu unterwerfen, während er eben noch die friedvollen Klänge der Freiheit vernommen hatte. Weit draußen zwar, aber dennoch wahrnehmbar wie ein Schrei, hoben die Nebelfetzen sich vom Wasser empor und tauchten in langsamem Flug wieder darin hinab, rissen Unsichtbares empor und warfen Unsichtbares hinein und brachten jene irdische Endgültigkeit mit sich, der Hagen sich schon entflohen gewähnt hatte. Mit aller Kraft hob er den Kopf und stemmte seine Ellenbogen gegen das Eis. - - - Klackediklack.

Klackediklack, kam es leise aus dem Schweigen. Klackediklack, regelmäßig unregelmäßig zugleich. Hagens Jägertum erwachte witternd. Er kannte dieses Geräusch. - Klick. Klick. Klick. Klackack. Klacklack. Klick. Klack. Kiklick. Kaklack. Klackedi. Klackedi. Nun zerrte Hagen sich doch an seiner Maschine hoch. Halvard sah ihm ausdruckslos zu. Klick. - - - Es schlug wie ein Hammer in Hagens Ohren.

Treibeis! Pfannkucheneis! Es mussten Schollen sein, die gegeneinander schlugen! Ihm wurde schwarz vor Augen, aber er blieb stehen. Kadlick. Kadlick. Ein kurzes Platschen. Suchend blickte er um sich. Auf den ersten Blick erkannte er, dass die Scholle schmaler geworden war. Und kürzer. - Es gab ziemlich viel Wasser um ihn her und ziemlich wenig Scholle. Kadlick. Klick. Kaklack. - Verdammt noch mal, er wurde wach!

Der Frühling hatte den Fjord in lauter kleine Teile zerbrochen. Hagen kotzte soeben lauter kleine Teile auf das Eis. Halvard grinste schwarzmäulig herüber. Seine Lippen hatten sich aufgeworfen. Er sah aus wie ein Schwarzer. - Ein Schwarzer in den Straßen von Oklahoma. Oklahoma City vielleicht. Eines der finsteren Viertel, wo sie die Tankstellen vergitterten. «Du Schlampe!», stieß Hagen mit dicker Zunge hervor, denn jetzt durchschaute er ihr Spiel.

Sie hatte ihn sich gefügig machen wollen. Sie hatte einfach mit ihm gespielt. Ihr war nie wirklich daran gelegen gewesen, ihn zu töten. Sie wollte ihn lediglich bezwingen. Er war ihr zu stark geworden und das duldete sie nicht - wie sie niemals Starkes neben sich duldete. Sie hatte ihn einfach nur zu Boden geworfen, um ihm dies zu zeigen. Sein Sohn, der sein Sohn nicht war, hatte sie so wenig interessiert wie die Frage, ob er es war oder nicht. Solveigs Motive hatten sie nicht interessiert. Hagens Träume waren ihr gleich. Sogar Hagen war ihr gleich, solange er sie nicht reizte. Er hatte sich zu stark gefühlt und sie hatte zugeschlagen. - Und jetzt ließ sie ihn wieder frei. Hagen war zu lange draußen gewesen, um ihr perfides Spiel nicht sofort zu durchschauen. «Du Schlampe du!», zischte er erneut, und er starrte verbittert auf die breite Straße, die sich vor ihm bis fast zum Ufer erstreckte.

Die beiden Schläge waren von zwei großen Schollen gekommen, die kurz nacheinander an Hagens Schiff angedockt hatten. Ineinander verkeilt wie die drei Eisflächen nun waren, bildeten sie eine geräumige Scooterbahn von mehr als zweihundert Metern. Hagen-Highway, dachte er, extra für den toten alten Hagen. Am anderen Ende dicht gepacktes Treibeis. Danach zwanzig Meter offenes Wasser. Dann flaches Land, durch dessen halbgeschmolzene Schneedecke die ersten schwarzen Flecken lugten.

Hagen hatte zu oft bei ihr gelegen, um nicht sofort zu erkennen, dass dieses Fenster sich nur ganz kurz für ihn öffnen würde. Schon wieder testete sie ihn aus! Missdeutete er, was sie ihm zu verstehen gab, würde sie ihn endgültig fallen lassen. - Bisher war alles nur Spiel gewesen, doch jetzt, so erfasste Hagen es mit immer wacher werdenden Sinnen, jetzt begann es ernst zu werden. Halvard war nur Spielgeld gewesen, aber wenn er jetzt zauderte, würden die Schollen sich zuerst vor ihm teilen, dann würden sie brechen. Das war so sicher wie alles, was sie ihm je über sich erzählt hatte. Er schickte Halvard einen kalten Blick. Um ihn würden sich bald die Möwen kümmern und dann die arktischen Haie.

Aber, typisch für sie, sie ließ ihn nicht ganz aus. Ein paar Schikanen hatte sie sich schon noch für ihn ausgedacht. Wenn er die Maschine hochjagte - falls noch genug Benzin drin war - dann musste er mit Höchstgeschwindigkeit über alle drei Schollen jagen, dann über den Rand hinaus, über das höhnisch schwankende Treibeis, getragen nur noch von der eigenen Fahrt, so weit hinaus wie es irgend ging - bevor er schließlich in die Brühe einbrach. Erstaunt stellte Hagen fest, dass er ins Leben zurückgekehrt war.

Staunend blickte er auf die Felsmassive, die sich vor ihm erhoben, und auf den schmalen Streifen flachen Landes, der ihnen vorgelagert war, und von dem aus ein breites, weißes Band den Berg hinauf führte. Wo mochte er nur sein? Ymer-Bucht? Trygghamna? Der schwachen Sonnenscheibe nach musste er an der Nordküste des Eisfjordes angetrieben sein. Die Scholle musste einen Halbkreis zurückgelegt haben und mit ihr auch Hagen. Und mit ihr auch Halvard.

Also würde er durchnässt an Land kommen und wieder nichts vorfinden außer Kälte. Aber wenigstens an Land, wenn auch auf dem falschen. Näher und näher walzte der Nebel den Fjord herein, und Hagen war wieder so elend, und er bemerkte, dass er nicht aufrecht stand, sondern verbogen über dem Lenker seines Scooters hing, der Blick wie eine Schweißnaht entlang wandernd von der Felswand vor ihm, zurück auf den breiten Highway, der sich vor ihm ausbreitete, als hätte es ihn nie anders gegeben, und der doch jeden Moment wieder verschwinden konnte. Erst dann landete sein Blick auf dem Zündschloss, in dem kein Schlüssel steckte.

Der Schock warf ihn so sehr um, dass er erneut zu Boden ging. - - - Der Schlüssel! Der-Schlüssel-der-Schlüssel-der-Schlüssel-der-Schlüssel! Oh mein Gott! Sie macht gleich wieder zu, wo ist dieser verdammte Schlüssel?! Seine tauben Hände wühlten erfolglos durch seine Taschen, wühlten über und unter der Alufolie, wühlten über und unter der gefalteten Alumatte, auf der er gelegen hatte. Spürten nichts, weil sie längst nichts mehr spürten. Aber wie soll ich diesen Schlüssel finden, wenn ich nichts spüre? Wie findet einer den Schlüssel, wenn er nichts spürt? Steife Finger kämmten durch Schnee, schoben achtlos etwas zur Seite, was purzelte und dabei aufblinkte. Griffen nervenlos zu. Bei der ersten Drehung sprang die Maschine an.

Ohne dem toten Halvard einen Blick zu gönnen, zog Hagen sich an der Maschine empor, fiel zweimal in sich zusammen, schlug mit dem Gesicht auf den schon heiß werdenden Auspuff, verbrannte sich, wusste nicht, wieviel Benzin überhaupt noch im Tank sein konnte, geschweige denn, wieso noch welches drin war, kam auf den Sitz, gab Gas, drehte eine linke Kehre, bevor die Beschleunigung ihn nach hinten drückte, und jetzt erst bemerkte er, wie schwach er war, denn nur mit äußerster Kraft hielt er sich am Lenker.

Das schrille Kreischen der Maschine, der die Schmelzpampe von den Kufen spritzte. Du lieber Himmel, das ganze Zeug war ja schon weich! Das unfreundliche Rütteln des Untergrundes, als Hagen in Gegenrichtung bog und die Scholle entlangzog, querzog, an einer brechenden Kante geradezog, das Gas schnell bis zum Anschlag drehte, um nicht im letzten Moment noch abwärts gesaugt zu werden, und um es ab jetzt nie, nie, nie wieder loszulassen. Die Scooterraupe fraß und fraß. Das Wasser links und rechts wurde schneller und schneller. Das klebrige Zeug vor ihm jagte unter ihm durch und spritzte hinter ihm in die Höhe. Die Kiste sprang, als er von seiner Scholle auf die zweite überwechselte und gleich darauf auf die dritte. Jedes Mal flog Hagen mit in die Höhe, doch er hielt sich fest mit aller Kraft, die sein kalter Körper noch hervorbrachte, und dann schlug er wieder nach unten, und es war wieder gut. - Er pflügte in die Treibeisschollen hinein wie ein Amphibienfahrzeug. Sie bäumten sich auf unter ihm, Hagen zwang sie unter sich. Jetzt war das Land noch fünfzehn Meter weg, jetzt noch zehn. Das glaubt mir kein Mensch, dachte Hagen sich, das glaubt mir kein Mensch, bevor die Eisteile unter ihm nachgaben, die Maschine blitzartig abkippte und er kopfüber in die Brühe flog.

Irgendwie Luft. Irgendwie Bewegung. Irgendein Stück Eis, das ihm gegen das Kinn schlug. Dann stand er bis zur Brust, während sich hinter ihm das Wasser über dem versinkenden Scooter kräuselte. Um ihn her tanzte die Brühe. An ihm fraß das kalte Wasser wie ein Schwarm Piranhas. Rudernde Arme, steifbeinige Schritte. Mehr Fallen als Gehen. Ein steil ansteigendes Felsufer. Ein Wasserspiegel, der an ihm herabkroch bis zu den Knien. Dann watete, stolperte, torkelte Hagen an Land und fiel mit kaltem Aufbrüllen in den Schnee.

Der Kälteschock hatte die Müdigkeit aus ihm hinausgequetscht, als hätte jemand mit dem Fuß auf eine gefüllte Plastikflasche gestampft. Am ganzen Leibe zitternd, zugleich jedoch merkwürdig klar im Kopf lag Hagen im Schnee. Er war patschnass. Er war auf der falschen Seite des Fjords. Er war allein. Und er war am Ende. Ich Arsch, dachte Hagen. Mein Gott, ich armer Arsch. Jetzt den Plastiksack mit meiner trockenen Garnitur! In der Kiste auf dem Anhänger. Ich war so sehr in Panik, dass ich nicht weiter nach ihm gesucht hab', als er im Whiteout verschwand. Ich hab' ihn einfach vergessen. Draußen teilten die Schollen sich, und Hagen-Highway war weg. Irgendwo in diesem verdammten Fjord schwimmt mein Plastiksack mit meinen trockenen Klamotten. Mein Gott, ich könnte jetzt schon im Trockenen sitzen.

Die drei Schollen strebten weiter auseinander. Halvard machte eine halbe Drehung und äugte interessiert und schwarzmäulig zu seinem Vater herüber. Sie hat mich doch gekriegt, dachte Hagen. Wenn sie einen kriegen will, kriegt sie einen. Mein Gott, ich friere ja so. Wie ich friere, wie ich friere. Draußen auf dem Wasser schimmerte etwas Blaues.

Der Sack. Der Sack, ich werde wahnsinnig. Ich werde absolut wahnsinnig.

Der Sack war so luftdicht verklebt, dass der Auftrieb ihn die ganze Zeit an der Wasseroberfläche gehalten hatte. Ein leichter Windstoß strich über das Wasser, und ein kalter blauer Plastiksack trieb seinem Hagen hinterher und ans Ufer. Wie ein toller Hund raste Hagen ins Wasser hinein und griff nach dem lebensrettenden Paket. Sobald er im Wasser war, spürte er die Kälte nicht mehr. Behutsam wie ein Baby legte er sein Bündel zu Boden, trat zur Seite und stand bald nackt daneben, während das nasse Zeug schon am Boden festfror. Was habe ich für Glück, dass es so warm geworden ist, sagte Hagen zu sich selbst. Mit dem Messer schlitzte er die blaue Hülle auf. Trockene Kleidung quoll daraus hervor. Ein kompletter Satz trockene Kleidung. Ich Glückspilz, dachte Hagen sich. So viel Glück muss einer erst mal haben wie ich!

Mit ansteigender Begeisterung griff er nach dem alten Handtuch, das er seit jeher seiner Ersatzgarnitur beizulegen pflegte. Er rieb sich trocken so gut es ging und schlüpfte in seine neue Kluft. Sie hielt die Kälte ab, aber sie machte ihn nicht mehr warm. Es fehlte die Tasse Tee oder der Schluck Kaffee, der die Wärme nach innen gebracht hätte.
Aber immerhin blieb einer so am Leben.

Halvard starrte ihn an. Um seine Lippen lag ein höhnischer Zug und ein Ausdruck tiefer Fremdheit. Hagen ließ das gefrierende Zeug liegen, und er machte sich auf den Weg. Einfach nur gehen und warm halten. Nichts zu essen, keine Waffe, keine Munition, kein Sohn. Nichts mehr. Einfach nur nach vorne gehen, immer nur gehen und warm halten. Mitten in der Bewegung hielt er ein.

Wohin?
Das Wasser war wieder ruhig über der versunkenen Maschine. Die Schollen schwebten ganz, ganz langsam zurück auf den Fjord hinaus. Hagen spürte, wie schwer sein Atem ging. Er fühlte sich kurzatmig und ihm war von innen her kalt. Er war unheimlich müde. Er hatte keine Kraft mehr in den Beinen.
Wohin?
Hagen stand auf der Nordseite des Eisfjordes. Weiter drüben, dreißig Kilometer entfernt auf dem Südufer, da suchten sie jetzt wohl nach ihnen. Wahrscheinlich fuhr eben ein Scootertrupp nach Norden, und mit jeder Minute bewegte er sich weiter weg von ihm. Ja, dachte Hagen, irgendwie bewegt man sich immer voneinander weg. Ratlos blickte er auf den Hang hinauf. Eine

breiter Anstieg führte zum Gletscher hoch. Breite Schneewolken wälzten sich auf dem Eis wie eine Horde Straßenhunde. Ich sollte hochgehen, sagte Hagen sich mit zitternden Knien, hier unten verkommt man nur. Aber wenn ich oben bin, finde ich genauso nichts. Ein silberhelles Kinderlachen schreckte ihn auf. Er fuhr herum. Halvard begann sich mit seiner Scholle wegzudrehen. Wo kam das Lachen her, verdammt noch mal? Widerstrebend blickte Hagen auf die Scholle hinüber und sah einen Zwölfjährigen, der laut auflachend die Gangway herunterstürmte, mit weit ausgestreckten Armen seinem Vater entgegen. Für ihn war ich immer sein Vater, dachte Hagen bitter. Wenn mich sonst keiner geliebt hat in diesem Haus - er hat es. Vom Gletscher her stießen Lichtstrahlen durch die Wolkendecke, gebündelt wie Mikadostäbe. Oh ja, für ihn war ich sein Vater, obwohl ich's nie war. Er sah Solveigs betretenes Gesicht, als der Junge mit dem Fuß nach ihr trat und ihr mit dem zweiten Tritt fast das Schienbein brach; damals, als sie schon durch die Sperre gegangen waren, um zurück aufs Festland zu fliegen. Die Tränen eines Jungen, der durch die Sperre zurücklaufen wollte und von seiner hysterischen Mutter am Anorak zurück gezerrt wurde: «Paaap! Paaaaap!» Hagen hatte wie eine Salzsäule gestanden, ohne jeden Ausdruck im Gesicht. Ich war nie sein Vater, dachte er. Doch für ihn war ich es immer. Komisch, was aus Verrat alles entstehen kann. Und die Möwen waren auch schon an ihm dran. Die Scholle drehte sich weiter, schon wandte Halvard ihm den Rücken zu. Zugleich aber trieb sie wieder ans Ufer zurück. Hagen war nicht zu täuschen. Er wusste, wann die Arktis den Abmarschbefehl gab.

Jetzt nimmt sie mir mein Kind, schnitt es in ihn hinein. Dann gaben seine Knie nach und er fiel in den Schnee. Trotzig wehrte er sich gegen die anflutende Bewusstlosigkeit. Gleich, gleich - lass' mich eben mein Kind noch mal sehen. Er richtete sich auf, robbte auf den Ellenbogen umher, die Augen fixiert auf den schmal gewordenen Teller aus Eis, der nicht mehr allzu lange halten würde. Gleich nimmt sie ihn ein Stück weit hinaus, nur um ihn mir wegzunehmen, dann wirft sie ihn ins Wasser. Mein Kleiner, brannte es in ihm. Mein sanfter Kleiner. Wieder gellte dieses Lachen über den Fjord, dieses Lachen, das sich nie frei anhörte und dem immer etwas Bittendes anhaftete. Der Kleine hatte immer Angst vor mir. Ich hab' ihn nie rangelassen. Immer nur eingeschüchtert. Und zum Schluss abgeknallt. Dann wurden seine Augen blind und Hagen lag im Schnee und heulte. Auch aus den Harten holte die Arktis das Weiche heraus, sie ließ sich nur mehr Zeit damit. Und immer wieder erklang dieses Lachen, dieses Lachen, dieses Lachen, das ein wenig zu albern klang und ein wenig zu altklug, weil es nicht aus der Freiheit kam, sondern aus dem Hunger nach Zuwendung. Der überdrehte Clown, der über die Kissen getobt war, bevor Solveig herein kam und sagte, dass sie in zwei Tagen gehen würden. Sie hatte bereits alles erledigt gehabt, einschließlich der Abmeldung von der Schule. Die Tickets lagen in ihrer Handtasche, Hagen hatte sie zwei Tage zuvor schon herausleuchten sehen. Das Kind, das randalierte und die halbe Nacht durch schrie. Der Hagen, der nur still im Zimmer saß und nichts zu sagen wusste. Die Mutter, die das Schreien mit Ohrfeigen brach, weil sie wusste, dass sie ein Kind, das nicht Hagens Kind war, nicht bei Hagen lassen konnte. Das leise, verzweifelte Schluchzen aus Halvards Zimmer. Die heulende Solveig, die ihn verzweifelt anblickte, weil sie fühlte, dass alles ihr entglitt. Hagens Nacht auf der Couch, nachdem Solveig sich ins Schlafzimmer eingeschlossen hatte. Der Junge, der zwei Tage lang wie tot neben ihnen her lebte und mechanisch befolgte, was ihm aufgetragen wurde. Der wortlos flüchtige Abschied und der verlorene Blick an der Sperre: Du bist mein Vater, warum läßt du das zu?

Die Scholle drehte sich. Hagens Kopf drehte sich. Die Scholle schwieg. Hagen weinte. Dann plötzlich der explodierende Aufschrei, alle hatten sie geguckt, das Flugpersonal, die Fluggäste, die Zurückgebliebenen im Warteraum: «Paaaaaaap! Nicht! Erlaub' es ihr nicht! Warum erlaubst Du ihr das?!» Solveig war zurückgehechtet, um Halvard wieder einzufangen. Sie hatte ihn auf das Rollfeld hinausgezerrt wie ein tobendes Tier. Das einzige Mal, dass er Hilflosigkeit in ihren Augen gesehen hatte, statt der sonst so herablassenden Kälte: Verzeih!

Er war ganz ruhig aus dem Flughafengebäude gegangen, regungslos, ohne Blick zurück. Ganz ruhig, so ruhig, wie man sich von einer Fliegerbombe entfernte.

Die Scholle hatte in ihrer Drehung angehalten. Hagen wusste warum, und er zog sein Messer. Mit aller Kraft, die kalte Klinge zwischen den Zähnen, arbeitete er sich auf beide Beine empor. Mit zitternden Fingern schob er seinen linken Ärmel zurück. Den Knopf am Handgelenk hatte er vorher schon offen gelassen. Die Kälte strich über einen haarigen Unterarm, aus dem die Sehnen wie Stahldrähte hervortraten. Hagen spürte die Schärfe seiner Klinge in den Mundwinkeln. Er durfte nicht mit dem Mund zucken, oder er schnitt sich das halbe Gesicht entzwei. Die Klinge fuhr in den Arm, Hagen brüllte auf, und der Fjord warf seinen Schrei zurück, als der Stahl sich tiefer und tiefer fraß. Hagen hatte oft und reichlich ausgebeint. Während jetzt das Blut von seinem Unterarm in den Schnee tropfte, schnitt er bis auf den Knochen. Wieder fielen die schwarzen Punkte über ihn her, doch Hagen hielt stand. Während er den Job erledigte, schrie er, so laut es aus ihm herausbrach, denn Hagen stand am Ende der Welt, wo sie immer mit ihm hingewollt hatte, und er wusste, dass nach dem Ende nichts mehr kam. Mit fliegenden Fingern nahm er den roten Klumpen in die Rechte und schleuderte ihn von sich mit letzter Kraft. Ein

Stück rohes Fleisch, Hagens ganze rohe Vaterschaft, flog hinüber auf das Eis, um neben Halvard liegen zu bleiben.

Eine große Scholle stieß krachend gegen Halvards Boot, worauf es sich in Bewegung setzte. Halvard nahm Fahrt auf, den Fjord hinaus, eine zweite Scholle krachte dagegen, der kleine kalte Körper schüttelte sich kurz, und nun hielt ihn nichts mehr auf. Hagen stand, schreiend, die Rechte auf die Wunde gepresst, um den Blutsturz zu stoppen, der sich unaufhaltsam anbahnte, und er begriff, dass es einen Schmerz gab, den man nicht los wurde, selbst wenn man bis zum Knochen schnitt. «Rettet mein Kind!» brüllte Hagen, als die weiße Schlampe ihr Kommando gab, und Scholle um Scholle setzte sich in Bewegung, und ein riesiger weißer Trauerzug zog unter dem Gebrüll eines sterbenden Vaters schweigend den Fjord hinaus. «Lasst mir mein Kind!» schrie er, doch unter dem grauen Himmel eines ganz normalen Arktistages wurde Halvards Schatten grau und verschwommen, und seltsam, dachte Hagen sich, wo sie auf einmal die Geschwindigkeit hernimmt. Während er stand und stand, während Blut und Leben ihre Richtung gefunden hatten und nun aus ihm rannen, schob eine Hand die Wolken beiseite, und der arktische Frühling verwandelte den Fjord für kurze Zeit in ein Glitzermeer silberner Bewegung. Der Frühling kam verdammt früh, viel zu früh, dieses Jahr. Es war eine jener Gesten, die für sie typisch waren, wenn sie sich überlegen fühlte.

Hagen begriff, dass er einem anderen Willen unterlag, immer unterlegen war, und dass dieser Wille sich niemals auf ihn gerichtet hatte, wie er sich überhaupt nie auf etwas anderes gerichtet hatte als auf sich selbst. Was geschah, geschah, und es schleifte Menschen dabei mit und ließ sie wieder fallen. - Solveig, dachte er: Ich kann nun mal nicht sagen, dass der Tag meiner ersten Begegnung mit dir mein Glückstag war, aber um mein Glück hat sich ja nie jemand gekümmert. Alle Freiheit, begriff Hagen plötzlich, war zugleich auch Wehrlosigkeit, und er wusste, dass der Strom, der ihn bisher mitgetragen hatte, eben einen Strudel bildete, dessen Ränder ihn bereits angesaugt hatten.

Ich muss hoch auf den Berg, rollte es trübe durch seinen sterbenden Verstand. Ich muss mein Kind sehen. Mein Kind sehen. Und bleiern setzte Hagen sich in Bewegung, die Rechte auf das gepresst, was einmal seine Linke gewesen war und was in anderen Zeiten einmal Hagen gewesen war. Die rolligen weißen Hunde über dem Gletscher hatten sich soweit den Hang hinab geschoben, dass es über Hagen zu schneien begann, und das langsam hinter ihm versiegende Licht schüttete zum letzten Mal eine Fülle langsam niederschwebenden Blattgolds über Hagen aus. Hagen torkelte einige Schritte voran und blickte das breite weiße Band vor sich hinauf, das sich soeben mit Schnee und Wolken vereinigte. Wenn er oben war, konnte er ganz lange auf Halvard sehen, und er würde einfach mit ihm reden, so lange er noch konnte, und irgend wann würde der Blutverlust seine Stimme leiser werden lassen, und der Rest erledigte sich ohnehin von selbst.

Während er dem Fuß des Berges entgegentorkelte, verspürte er eine ungeheure Kraft in sich. Das bisschen Berg würde er schon schaffen, man schaffte sie immer, wenn man ihr die Sporen gab. Die Rechte fest auf die Linke gepresst, hob er beide Hände und verscheuchte den aufdringlichen Käferschwarm, der ihn immer unangenehmer umschwirrte. Die Käfer ließen sich auf seinem Kopf nieder, und sie krabbelten über sein Gesicht, das davon taub wurde. Sie krabbelten in sein Gehirn und über sein Gehirn, in dem sie lauter kleine Blitze auslösten, und jeder Blitz war ein Bild. Hagen schritt, ohne voranzukommen, durch einen Regen von Bildern. Die Bilder zeigten einen Säugling, der jeden Abend schreiend danach verlangte, auf Hagens

Brust liegen zu dürfen, und der erst dann einschlief - unter dem hilflosen Blick eines falschen Vaters. Sie zeigten einen Kleinen, der aufmerksam neben Hagen kniete und ihm stolz das Werkzeug anreichte, wenn er etwas im Haus reparierte. Hagen sah eine kleine Hand, die sich nach ihm ausstreckte, und die er immer nur zögernd ergriffen hatte, immer nur so zögernd, obwohl die kleinen Finger sich ganz fest um ihn geschlossen hatten. Hagen ließ seine Linke los und griff nach den kleinen weißen Fingern mit der weichen Haut neben ihm. Sein Griff wurde fest, er hörte wie das auslaufende Blut in seinen Ohren zu rauschen begann, aber es störte ihn nicht mehr. Seine Rechte schloss sich wie ein Schraubstock um die weichen kleinen Finger, während seine Füße sich nicht mehr hoben und auf der Stelle traten und den Schnee zusammenschoben. Der Wolkenspalt über dem Fjord war weit aufgerissen, und Hagen fand, dass es so seltsam dunkel wurde, obwohl die arktische Nacht erst in vier Monaten zurückkommen würde. Er würde wieder draußen stehen, und um Mittag würde sich ein Silberstreifen über den schwarzen Horizont ziehen, und es war schon in Ordnung, was geschah, weil er Teil einer Ordnung war, die sich in jedem Augenblick seines Lebens an ihm vollzogen hatte. Allmählich trudelten vor ihm die letzten Stücke Blattgold vom Himmel, doch sie waren nicht mehr goldfarben, sondern grau wie der Himmel vor ihm und grau wie die Landschaft, die vor Hagens Augen immer mehr verschwamm.

Er blieb stehen und lächelte.

«Komm, Kleiner», flüsterte er. «Papi bringt dich nach Oklahoma!»

Väter. Söhne. Gewalt.
Nachschrift zum Roman

«Gibt es Eis in Oklahoma?»

von
Bernd Späth

Ich war gerade zwanzig, als nur noch Sekunden mich davon trennten, meine Stiefmutter umzubringen. Sie war eine Furie, die den größten Teil ihres schlichten Vorstellungsvermögens auf die Frage konzentrierte, wie sie andere mit Worten verletzen konnte. Mit zunehmender Praxis hatte sie hierzu eine ausgefeilte und sehr wirksame Technik entwickelt. Nach meiner Einschätzung hatte es eine klar sexuelle Komponente.

Die Atmosphäre bei uns war schon lange geladen. Es ging letztlich nur um Nichtigkeiten, um das Geschwätz irgendwelcher Nachbarn über meine Haarlänge und regelmäßig auch um die erste Ehe meines Vaters, der entsprossen zu sein ich das dauerhafte Vergnügen hatte. Aber die Sache war gefährlich eskaliert. Soweit sich bei uns zu Hause von Kindheit sprechen ließ, waren die hysterischen Ausbrüche meiner Stiefmutter, die regelmäßig in einer Kaskade vulgärster, oft auch obszöner Beschimpfungen kumulierten, zuverlässige Begleiter dieser Kindheit gewesen. Bei uns wuchs man mit Erniedrigungen und gezielten Herabwürdigungen unterschiedlichster Art auf - Erlebnissen, denen man aufgrund der autoritären Familienstruktur wehrlos ausgeliefert war. Auch jetzt in unserer Küche hatte sie wieder einen ihrer Eimer über mich ausgegossen. Zu jener Zeit wurde man erst mit einundzwanzig volljährig, und das Vormundschaftsgericht meiner Heimatstadt, bei dem ich Schutz gesucht hatte, hatte mit einem Wirrwarr umständlichster Verfahrensreitereien geantwortet. Regelmäßig erhielt ich von den Unglücklichen verzweifelte Briefe, in denen «die Beteiligten dringend gebeten» wurden (die Worte dringend gebeten waren mit rotem Buntstift unterstrichen), ihre Schriftsätze «zur Vermeidung erheblichen zusätzlichen Arbeitsaufwandes in dreifacher Ausfertigung (ebenfalls roter Buntstift) einzureichen». - Kopierer in Privathaushalten waren damals nicht üblich, Faxgeräte noch nicht erfunden. Das Verfahren wurde Jahre später eingestellt, als ich die Volljährigkeit längst erreicht hatte; allerdings nicht ohne schriftliche Anfrage des Gerichts, ob «die Parteien den Fortgang des Verfahrens noch für erforderlich» hielten.

Ich hatte die Unvorsichtigkeit besessen, auf den Schwall der mütterlichen Gehässigkeiten kurz zu replizieren. Nichts Schwerwiegendes, eher ein trockener Kommentar. Dennoch baute sie sich keine drei Meter vor mir auf - mit dem Rücken zum Kühlschrank stehend - die ganze Frau wieder einmal funkelnd vor lüsterner Gehässigkeit. Mit überschnappender Stimme und einer für ihre Intelligenz immer wieder erstaunlichen Selbstgefälligkeit drohte sie mir Ohrfeigen an. - - Ich war damals schon über eins neunzig, wenngleich zu einem Skelett von dreiundsechzig Kilogramm herabgemagert. Und ich bemerkte nun, dass etwas Seltsames mit mir geschah. Mir war tatsächlich, als sei ein Tor meiner Seele aufgebrochen, und ich erlebte eine massive innere Anflutung, wie ich sie in meinem ganzen Leben nur mehr selten erfuhr. Es war, als schösse das Wasser durch ein kleines Loch in einem Damm, den es mit erstaunlicher Schnelligkeit zum Bersten brachte. Dann raste es in Mörderwut das Tal hinab, erstickte dieses und füllte zusehends auch die kleineren Nebentäler mit seiner schmutzig braunen Brühe. Zugleich lief in meinem Inneren ein Film mit rasender Schnelligkeit ab, dennoch aber mit bestechender Klarheit: Eine große Zahl von Bildern, unterlegt von den zugehörigen Emotionen und von interpretierenden Gedanken. Das Mosaik einer ruinierten Kindheit setzte sich zusammen, die im Morast menschlicher Uneinsichtigkeit und Verkommenheit vor die Hunde gegangen war. Jeder einzelne Mosaikstein leuchtete kurz auf und erzählte eine ausführliche Geschichte. - Erst als Mittdreißiger begegnete ich einer vergleichbaren Wahrnehmung wieder, als ich während einer Arktisexpedition auf ganz banale Weise in eine Situation geraten war, von der ich nicht überzeugt war, dass ich sie überleben würde.

Urplötzlich stand der alles überragende Wunsch im Raum, sie zu töten. Er schoss durch meine Adern und wurde in meinem Gehirn - und vor allem in meinem Gefühl - zu einer alles beherrschenden Notwendigkeit. Nicht so, als wären meine Probleme damit «gelöst» gewesen. Es war vielmehr das Töten als Selbstzweck, Mord aus reiner, gieriger Selbstbehauptung, was mir zum übermächtigen Bedürfnis erwuchs. Ein Erlebnis von archaischer, im wahrhaftigsten Sinne tierhafter Intensität. In einer Küchenschublade mir gegenüber lagen unsere Brot- und Fleischmesser. Ich brauchte nicht zu überlegen, wie ich sie umbringen würde, denn die Methode stand schlagartig fest, eine Art spontaner Erleuchtung, die mir vermutlich von einem uralten Verhaltensmuster eingegeben war, das die Entwicklung des Menschen über die Jahrhunderttausende hinweg friedlich verschlummerte und auch heute nur auf seinen Auslösereiz wartete. - - - Ich würde einfach solange zustechen, bis sie sich nicht mehr rührte.

Auch dieser Film lief plastisch und eingängig über meine innere Leinwand, so dass ich genau wusste, wie ich vorzugehen hatte. Aber ich sah auch, wie es geschehen würde, sah klar wie auf einem Bildschirm den blutverschmierten Torso, in den ich stach, das Blut erbrechende gehässige Maul, das nun dabei war seine Schäbigkeit zu verlieren, die schrundigen Hände und die Spindelbeine, die sich, plötzlich leblos werdend, reckten. - Klare Wünsche vermitteln nun mal klare Vorstellungen, übermäßige Wünsche vermitteln folglich überaus klare Vorstellungen.

Aus seinem Arbeitszimmer nebenan würde mein Vater aufstehen und in seiner bullenhaften Bedrohlichkeit den Kopf durch die Tür stecken, weil sie wohl doch ziemlich brüllen würde. Also musste ich schnell genug sein, damit er sie nicht mehr retten konnte.

Sie baute sich noch herausfordernder vor mir auf, und in ihrem streitsüchtigen Gesicht konnte ich lesen, dass sie speichelnd darauf peilte, wie ich reagieren würde. Es war einfach nur das Warten auf einen - wenn auch noch so geringfügigen - Anlass für die nächste Runde und den nächsten Eimer.

«Komm», sagte ich tonlos.

Ich bereitete mich darauf vor, dass sie nun tarantelhaft auf mich zuschießen würde, um mich, wie so oft, ins Gesicht zu schlagen. Dann sah ich, wie ich aufbrüllend das Messer aus der Lade riss. Wie ich zustach. Erst in die Brust, dann die Fallende in den Rücken und Bauch, zum Schluss immer wieder ins Gesicht. Wie sie erst hysterisch, dann vor Schmerzen kreischte. Wie sie schreiend zusammensank. Wie ich mich über sie beugte, nachsetzte, um sicher zu gehen, dass sie nicht mehr aufstand. Wie sie endlich, zum ersten Mal in meinem Leben, Ruhe gab. Wie mein Vater hereingestürzt kam. Wie er auf mich zustürzte und mir das Messer entriss. Wie ich für einen kurzen elenden Moment meines Lebens bitter triumphieren würde. Wie zwei gemütliche bayerische Polizeibeamte unsere Diele entlanghatschten. Wie sie mich abführten. Wie der Münchner Merkur über den Prozess berichtete. Wie von der bayerischen Strafjustiz nichts anderes zu erwarten war als von der bayerischen Vormundschaftsgerichtsbarkeit. Wie man mich mein Leben lang einsperrte. Wie ich ein halbes Jahr zuvor das trockene Angebot meines Großvaters, sie alle beide zu erschlagen, mit Mühe abgebogen hatte. Wie ich den wichtigsten Teil des Jobs jetzt selbst erledigt hatte. Wie man mich und mein verpfuschtes Leben vergessen würde. Wie sie am Ende doch gewonnen hatten.

Inzwischen waren höchstens drei oder vier Sekunden vergangen, und man sollte sich vor Augen halten, dass äußerlich nichts geschehen war. Doch etwas schien meiner Stiefmutter nun Angst zu machen, denn von einem Moment zum anderen wurde sie überaus freundlich zu mir und quetschte ein jovial-gequältes Lachen hervor Dann wandte sie sich eilig ab und hastete rücklings durch die Terrassentür ins Freie. - Ich war erstaunt. Erstmalig in meinem Leben musste von mir eine elementare Gefährlichkeit ausgegangen sein, die sich ganz ohne Worte zur Geltung gebracht hatte. Zusammen mit dem Wunsch, die Anderen nicht endgültig über mein junges Leben triumphieren zu lassen, hatte diese Ausstrahlung genau dieses Leben gerettet. Eine Erfahrung, die in jeder Hinsicht aufschlussreich für mich war.

Noch heute habe ich viel Verständnis für die sogenannten «Affekttäter», die nur dieses einzige Mal im Leben aufstehen. Die Befreiung liegt nun mal in der Zerstörung - oft genug jedenfalls. Und ich meine seither, dass diesen Menschen in unserer Gesellschaft wenig Gerechtigkeit widerfährt. Insbesondere wird verkannt, dass es sich bei dieser Art von Taten nicht um ein plötzliches, kurzschlusshaftes «Ausklinken» handelt, sondern um die Geburt eines konsequenten, unübergehbaren Muss, dessen Ausführender anschließend einer stupiden Bürokratie übereignet wird. Aus meiner Juristenausbildung kenne ich die Rechtsprechung, die sich in Verkennung der tatsächlichen intrapsychischen Realitäten auf sogenannte Blankettformeln zurückzieht: «... hätte bei Anspannung aller ihm zur Verfügung stehenden Gewissenskräfte das Verbotene seines Tuns erkennen können und müssen ...» Na logisch erkannte ich es, und ich bin sicher, dass es anderen nicht anders geht. Die Frage allerdings, nicht ob, sondern wann die Tötung eines zerstörerischen Menschen nicht nur zulässig sondern geboten sein kann, wird bei uns nicht behandelt, sondern verdrängt. Man retiriert in derartigen Diskursen bequemerweise auf das antike Beispiel des Tyrannenmords, was eine völlige Verkennung des Problems bedeutet. Andere Kulturen gehen mit diesen Fragen wesentlich ehrlicher - und wesentlich menschlicher - um. Insbesondere haben sie ein deutlich unverkrampfteres Verhältnis zum Stellenwert der Genugtuung, die für das Opfer eines zerstörerischen Charakters einen außerordentlich heilenden Effekt haben kann, bleibt ihm doch oft genug nichts anderes mehr. - Ich entsinne mich der Erzählung eines arabischen Freundes, nach welcher der Richter einen Kindsmörder den Eltern der Getöteten überantwortete: Sie sollten entscheiden, ob er leben durfte oder exekutiert werden sollte. Ich bin alles andere als ein Freund der Todesstrafe, doch verstehe ich die Denkweise hinter diesem Verfahren: Der Schmerz der Angehörigen sollte dadurch gemildert werden, dass sie - genau wie der Täter - eine Entscheidung über Leben und Tod treffen durften. Barbarisch? Nun, um im etwas kleineren Rahmen zu bleiben: Eine mit mir befreundete Psychoanalytikerin erzählte mir von einer Patientin, die schwer depressiv erkrankt war, nachdem ihr Mann sie auf mieseste Weise fallengelassen hatte. Ihre Gesundung setzte nach einjähriger, intensiver Behandlung erst ein, nachdem die Unglückliche ihren Schlüssel genüsslich über die ganze Fahrerseite des Mercedes ihres Ex-Gatten gezogen hatte. Juristen sei es selbstverständlich freigestellt, hier schmerzlich zusammenzuzucken. Von ihnen erwarte ich mir ohnehin nichts Konstruktives bei Problemen, die über das seelische Sein oder Nichtsein eines Geschädigten dauerhaft entscheiden können. - Das westliche Rechtssystem sollte nicht allzu stolz darauf sein, wie es die echten Opfer alleine lässt.

Bei uns wird Genugtuung eben voreilig gleichgesetzt mit ihrer niederen Entartung, der «Selbstjustiz» oder gar der Rachsucht, wobei besonders deren Ziel nicht die Wiederherstellung der inneren Balance der Geschädigten ist, sondern das permanente Fortschreiten eines ungesättigten aggressiven Verlangens. - Diese tiefere Einsicht in die Zwangsläufigkeit gewisser Taten war einer der wesentlichen Gründe dafür, dass ich meine ursprünglich geplante Juristenlaufbahn nach dem ersten Staatsexamen verließ.

Drei Jahre nach diesem «Near-Miss», wie man in der Pilotensprache sagen würde, wurde meine Quälerin infolge einer missglückten Operation zum Pflegefall, brachte dreizehn Jahre Heimaufenthalt hinter sich und verstarb unter elenden Umständen. Ich blieb ohne Mitleid.

Es war etwa zehn Jahre später, als mein Vater starb. Am Tag seines Todes saß ich mit meiner Halbschwester aus seiner zweiten Ehe zusammen, und wir redeten lange miteinander: Wie unverständlich uns war, dass unser Vater sich niemals vermittelnd oder gar schützend in unsere tägliche Seelenfolter eingeschaltet hatte. Aber er hatte immer gekuscht, hatte das Haus geflohen, hatte seine Weiber gehabt und auf jede Form der Auflehnung, die ja seinen eigenen Freiraum gefährdet hätte, mit eiserner Härte reagiert. Als ich - erstmalig - auf die oben geschilderte Szene zu sprechen kam, schaute meine Schwester mich mit großen Augen an. Sie gestand mir, für zwei oder drei Jahre ihrer Jugend hätte sie den einzigen Ausweg aus ihrer Misere nur noch darin gesehen, ihre Mutter zu töten. Lediglich die Einsicht, dass gerade diese Tat den endgültigen Triumph ihrer Unterdrückerin verwirklichen würde, hätte sie mit aller Mühe von deren Umsetzung abgehalten. Zum Zeitpunkt jener erneuten Kulmination hatte ich das elterliche Refugium bereits verlassen, denn ich war zehn Monate nach dem beschriebenen Beinahe-Vorfall aus dem Haus gejagt worden. Vorübergehend bei meinen Großeltern untergeschlüpft, verhinderte ich mit Mühe einen zweiten Anlauf meines Großvaters, der sich energisch anheischig machte, meinen Vater und meine Stiefmutter umzubringen. Er hatte sich Mut angetrunken und wollte die Sache jetzt hinter sich bekommen. Der bevorstehende Gefängnisaufenthalt schreckte ihn nicht: er hatte den Weltkrieg überlebt. So leicht er Leuten gegenüber, die er nicht mochte, zur Gewalttätigkeit neigte, und so oft er mit blutverschmiertem Hemd nach Hause kam - zu mir war er stets ein herzensguter einfacher Mann gewesen, auf den ich mich in jeder Situation meines Lebens verlassen konnte. Aber zwischen ihm, dem Vater meiner leiblichen Mutter, (sie war zweieinhalb Jahre nach meiner Geburt mit einem Kapitän durchgebrannt und ließ meinen Vater auf einem Berg Schulden sitzen) und meinem Vater hatte sich ein so tiefsitzender Hass entwickelt, dass schon ein zaghaftes Ja von mir genügt hätte, um meine Halbschwester innerhalb der nächsten dreißig Minuten zur Vollwaisen zu machen. - Bis heute verfolgt mich eine Szene, als ich gerade sieben war und Opa, sturzbetrunken und voller Wut, mit hoch erhobenem Vorschlaghammer das Treppenhaus hinauf walzte, um meinen Vater zu erschlagen. Mein Vater und meine damals schwangere Stiefmutter brachten sich in Sicherheit und schlossen sich im Wohnzimmer ein, während ich, allein gelassen und heulend vor Panik, vor meinem Großvater her die Treppen hoch hetzte. Mit meinem Geschrei und einer energischen Intervention meiner Großmutter, die sich diese Art von Opas Auftritten immer wieder ungnädig verbat, ließ die bereits in Angriff genommene Tat sich im letzten Moment verhindern. Dass die Beziehung zu meinem Vater unter solchen Bedingungen spätestens ab meiner Pubertät zu gegenseitigem krankhaftem Hass geworden war, lässt sich leicht erahnen. - Erst ein Jahrzehnt nach meinem Hinauswurf, beide inzwischen vom Leben hart gezeichnet und bitter geworden, reichten wir einander wieder die Hand. Auch wenn diese Versöhnung, wie ich später herausfand, auf einer neuen Lüge basierte, so half sie mir damals dennoch, die eigene, ihm nicht immer unähnliche, Männlichkeit zu akzeptieren: Willensstark, abenteuerlustig, feinnervig und doch bisweilen von überschießender Rücksichtslosigkeit, wenn man mich reizte. Es mag darin seine Wurzeln haben, dass ich meine Literatur immer als dezidiert männliche Literatur betrachtet habe. Klingt dies in manchen Ohren etwas «Macho», so soll es mir recht sein. - Im Allgemeinen sagen derartige Phrasen mehr über ihre Verwender aus als über die Tatsachen.

Natürlich haben glückliche Vater-Sohn-Beziehungen mich mein ganzes Leben lang fasziniert, auch wenn ich sie erstaunlich selten angetroffen habe. Nicht als ob die Fassade nicht oft genug geleuchtet hätte: Dahinter verbarg sich jedoch häufig ein erstaunliches Maß an Unterdrückung und äußerlicher Schönfärberei, eine Mischung, die zuverlässig irgendwann explodierte und die verlogene Familienidylle zügig abfackelte. - In aller Regel stand hinter den aufgestauten Konflikten das männliche Dominanzstreben mindestens einer Seite (Rudelbeißereien also), verschärft durch eine spezifisch männliche Unfähigkeit sich mitzuteilen. - - - Umso mehr beeindruckte mich deshalb das Verhältnis meines treuen Freundes und Arktisführers Tor zu seinem Sohn Edmund: Tor war stets ein Wikinger von Mannsbild gewesen. Ein Paket von Kraft und Zähigkeit, und ein blitzschneller Überlebenstechniker, der auch in den härtesten Situationen ruhig und auf manchmal gespenstische Weise heiter blieb. Einem aufdringlichen Eisbären zum Beispiel schlug er zweimal den Lauf seiner Schrotflinte über die Schnauze, extra weil er ihn nicht töten wollte. Das verdatterte Vieh floh tatsächlich. Was seine Fassade des raubauzigen Teufelskerls jedoch immer wieder von innen her leuchten ließ, war seine Gefühlsintensität: In arktischen Sommernächten, wenn wir weit draußen auf 80 Grad Nord im Boot unterwegs waren und die Mitternachtssonne die Landschaft zu einem Meer von schillerndem Zauber verwandelte, verwandelte sich auch der raue Jäger zu einem feinsinnigen Naturpoeten mit viel Sinn für die Dinge, die zwischen den Zeilen des Lebens zu finden sind. - Ich habe solche Menschen immer wesentlich mehr geschätzt als die schneidigen Alleskönner, die ein Feld niemals durchqueren können, ohne es gleichzeitig umzupflügen.

Tors jüngster Sohn Edmund war sein ganzer Stolz. Er war der Typ eines jugendlichen Strahlemanns, dem man seinen gelegentlichen Leichtsinn immer wieder verzieh. Unter den Sportlern der Insel nahm er einen Spitzenplatz ein, was seinen körperbewussten Vater sehr freute. Beide waren einmal auf Robbenjagd - Edmund damals vierzehn Jahre alt - auf dem Eis des Sassenfjordes, wo er bei Vindodden in den Tempelfjord übergeht. Sie schossen ein Tier und häuteten es gemeinsam ab, ohne zu bemerken, dass die Eisdecke des Fjordes unterdessen aufbrach, so dass sie sich unversehens auf einem riesigen Stück Treibeis befanden. Als sie es feststellten, lag schon eine breite Wasserrinne zwischen ihnen und dem Ufer, und sie trieben zügig fjordauswärts. «Dis was no fun at all», stellte Tor trocken fest, als er es mir später einmal erzählte. - Um es kurz zu machen: Sie verharrten stundenlang auf der Scholle und trieben weiter hinaus. Als sie schon am Verzweifeln waren, trieben sie etwas uferwärts, und in die schmäler gewordene Rinne zwischen Scholle und Ufer schob sich Pfannkucheneis. Eisschollen von der Größe einer Stuhl- oder Tischfläche. Tor wartete seelenruhig ab, bis das Treibeis in der Rinne dicht genug war. Dann jagte er seinen Scooter auf Höchstgeschwindigkeit und rauschte über das schwankende Pfannkucheneis hinweg Richtung Ufer. Edmund tat mit seiner Maschine das Gleiche. Beide kamen sie so nahe ans Land heran, dass sie nur noch «brusthoch» im Eiswasser standen, als ihre Maschinen versanken. Sie schafften es an Land - das heißt auf eine dick verschneite Landschaft von minus zehn Grad Celsius - und retteten irgendwie sogar noch die beiden Maschinen. Durchnässt und durchfroren flüchteten sie sich in eine Hütte, wo sie sich mit viel heißem Tee wieder zurück ins Leben brachten.

Die Geschichte fesselte mich ungeheuer und ging mir Jahre lang durch den Kopf. Ich hatte sofort gespürt, dass sie literarisches Potential in sich trug. - Allerdings, vom Standpunkt eines Erzählers aus, war sie mit der Rettung der beiden Beteiligten unbefriedigend verlaufen. Ich überlegte lange hin und her, wie ich sie wenden konnte. Schließlich entwickelte ich das Konzept, dass die Arktis dem Vater den Sohn rauben sollte. Mehr und mehr beschäftigte mich diese Idee, und im Laufe der Jahre kam ich auf den Erzählstrang, wie er in «Oklahoma» umgesetzt ist. Doch musste ich, im Interesse der menschlichen Verwicklungen, auch den Charakter des Vaters verschlossener und deutlich unangenehmer zeichnen als sein lebendes Vorbild. So begann ich zu schreiben und hatte nach einem Jahr etwa die Hälfte der Geschichte zu Papier (respektive auf die Festplatte) gebracht, als die typische Unruhe mich erneut in den Norden hinauftrieb. Wieder hatte ich meine alte Hütte am Eisfjord, in der ich das Alleinsein genoss und in der gleißenden Nachtsonne stundenlang die Eisschollen beobachtete.

Die Mitteleuropäer haben keine Vorstellung davon, wie Eis leuchten kann. Dieses Leuchten fand ich in Tors Gesicht wieder, als er mir von seinem Sohn erzählte. Während die beiden älteren Söhne ihrer bürgerlichen Existenz auf dem Festland nachgingen, war Edmund auf Spitzbergen geblieben, ein Mann von fünfundzwanzig Jahren jetzt. Anscheinend war er noch immer der Sympathiebrocken, dessen jugendlicher Unbeschwertheit man sich als erwachsener Mann nicht entziehen konnte, weil sie einem die eigene Jugendlichkeit für kurze Momente zurückbrachte. Ich hätte ihn gerne getroffen, doch irgendwie klappte es nicht, er war ständig auf Tour. Hingegen verschwieg ich Tor diskret meine aktuelle literarische Arbeit, denn es war mir schon peinlich, dass die Geschichte in meiner Phantasie eine so verhängnisvolle Wendung genommen hatte. Darum entschloss ich mich auch, gleich nach meiner Rückkehr etwas neutralere Namen einzusetzen.

Tor und ich gingen auf Eisbärentrip an die Ostküste. In der Agardhbucht und nördlich davon in der Dunérbucht bis hoch zum Negrigletscher musste man nur lange genug - das heißt: bis zu zwanzig Stunden - suchen, um sie aufzutreiben. Wir fuhren gut zwanzig Kilometer hinaus auf die gefrorene See, bis eine breite, blau leuchtende Wasserrinne voller kleiner Eisbrocken uns den Weg versperrte. Mit hoher Geschwindigkeit rasten wir, nur anderthalb bis zwei Meter vom offenen Wasser entfernt, am Rand der Rinne entlang. Je höher unsere Geschwindigkeit war, desto geringer war unser Risiko einzubrechen. - Immerhin war mein kleiner Sohn erst drei Monate alt.

Nach vierzehn Stunden Fahrt trafen wir auf eine Bärin mit zwei Jährlingen, die vom östlichen Eis her auf Spitzbergens Küste zulief. Als wir ihr nahe kamen, drehte sie um und rannte mit ihren beiden Halbwüchsigen wieder auf das Eis hinaus. Tor fuhr einen großen Bogen, setzte sich hinter die drei und trieb sie zu mir zurück vor die Kamera. Feines Gefühl übrigens, wenn einem zweihundert Kilometer von der Zivilisation entfernt drei aufgeregte und kreuznarrische Eisbären entgegenstürmen. Ich ließ mir das Motiv nicht entgehen und - wusch! - waren sie vorbei. Tor stoppte neben mir: «Setz‘ dich hinter mich auf die Maschine, dann fahr ich dich und du kannst fotografieren!» - - Edmund galt bei Manchen als leichtsinnig und draufgängerisch. Keine Frage, dass er die Ader von seinem Vater hatte, dem er mit ungezügelten Kräften nachzueifern versuchte, um ihn zu übertreffen. Tor jedenfalls drehte immer halsbrecherischere Schleifen, und er fuhr immer näher an die immer kopfloser wirkende Bärenfamilie heran. Es war klar zu sehen, dass alle drei außer sich waren und nur noch weg wollten. Die Bärin schickte ihre Jungen vor sich her auf das Eis hinaus - wie kommunizierten sie in so einem Moment miteinander? - und hielt ihnen selber den Rücken frei, indem sie langsamer lief, um uns auf ihre Fährte zu ziehen. Als wir bis auf drei bis vier Meter an sie heranwaren, sprang sie. Das Bild werde ich nie vergessen, denn ich linste gerade durch mein Zoomobjektiv und justierte die Schärfe, als sie ansatzlos kehrt machte und in die Luft schnellte. Während ich den Auslöser drückte, drückte Tor den Gashebel bis zum Anschlag, und sie verfehlte mich. Auf das Dia bin ich stolz.

Zwei Monate später starb Edmund. Es war Ende Juli, ich war längst wieder zu Hause. Und ich erholte mich noch von dem Schrecken, dass ein Osloer Freund nur Tage nach meinem Besuch tot umgekippt war. Ihn und seine Frau Ruth-Agnes, eine bildschöne blonde Norwegerin mit einer bestechend charmanten Ausstrahlung, hatte ich auf meinem Rückweg von Spitzbergen besucht und ihnen den ganzen Abend lang von meinen Abenteuern erzählt. Knuts Zustand hatte mich intuitiv sehr beunruhigt. Obwohl er gut aufgelegt und ihm äußerlich nichts anzumerken war, schrie ein nicht erklärbares Gefühl in mir, dass er am Erlöschen sei. Es war eine wahrhaft bizarre Situation: Er saß mir gegenüber mit seinem Whisky und seiner Zigarette, redete vergnügt, Ruth-Agnes schön und strahlend an seiner Seite, und tief in mir brüllte etwas und hörte nicht mehr auf. Eine Woche später war er tot. Die Sache beschäftigte mich wochenlang, auch weil ich keine Erklärung für diese unbestimmbare und doch so dramatisch wahrnehmbare Vorahnung gefunden hatte. Dann öffnete ich eines Morgens am Schreibtisch meine wöchentliche Ausgabe der «Svalbardposten» und las die Meldung auf Seite 2: Edmund hatte mit einigen Freunden getrunken und im angeheiterten Zustand den Revolver seines Vaters hervorgeholt, um damit, aus reiner Aufschneiderei, Russisches Roulette zu spielen. Schon der erste Versuch tötete ihn. Ein aufgesetzter Schuss mit einer .357er-Magnum lässt keinen Spielraum mehr - und übrigens auch keinen Kopf. Noch immer beschäftigt mit meiner seltsamen Interpretation von Knuts Zustand, begann ich mir Vorwürfe zu machen. Gerade so, als hätte meine literarische Phantasie nun auch dieses furchtbare Ergebnis herbeigezwungen. Ich wusste, wie Tor zu Mute sein musste, und so schrieb ich ihm einige ehrliche und hilflose Zeilen.

Die Sache ging mir unentwegt nach, und sie ließ mich nicht mehr los. Eines Abends nahm ich meinen Revolver, schob eine Blindpatrone in die Trommel und ließ diese verdeckt rotieren. Dann schloss ich die Waffe, hielt sie gegen meine Schläfe und drückte ab. - Der Hammer schlug auf Metall: Schon der erste Versuch hätte gepasst. Das machte mich nur noch elender.

In diesem trübsinnigen Zustand rief mich Georg Bossert im Büro an. Ich war damals auch physisch ziemlich fertig: Unser Junior hatte gerade eine Phase, in der er fünfmal pro Nacht wach wurde und stundenlang durchbrüllte. Jede Schreiorgie begann mit dem gellenden Ruf: «Papaaaaa!», was meinen Vierzehnstunden-Tag wirkungsvoll abrundete. Zudem dauerte diese Phase schon beträchtlich lange, so dass besonders meine Frau das völlige Ende ihrer Kräfte erreicht hatte. Georg hingegen, dessen Absturz wir Jahre lang beobachtet hatten, schien sich endlich wieder gefangen zu haben. Seine Geschichte ist ja ohnehin aus den Medien bekannt, und ich habe ihr nichts Neues hinzuzufügen. Als seine langjährige Lebensgefährtin, eine bekannte und im Vergleich zu ihm wesentlich jüngere Künstlerin, ihn verlassen hatte, hatte er den Halt verloren. Ich habe niemals sonst erlebt, dass ein Mann innerhalb von vierundzwanzig Stunden so völlig aus dem Gleis springen konnte. Es war, als hätte man das ganze Skelett aus seinem Leben gezogen. Und, war er zuvor ein selbstbewusster, bisweilen auch etwas selbstgefälliger, Künstlermanager gewesen, der durchaus einmal die Zähne zeigen konnte, so war er nun zum orientierungslos gewordenen Kind mutiert. Es gab nur noch ein einziges Problem für ihn: Sie. Die Außenwelt hörte auf, für ihn zu existieren. Ich bekam mit, wie er die attraktivsten Angebote ausschlug, weil er dem Leben gegenüber tief beleidigt war. So verkroch er sich jahrelang immer mehr in sich selbst und hinterließ bei seinen Freunden den Eindruck eines losgerissenen Ruderbootes, das sich nicht mehr einfangen ließ. Wann kommt sie zurück? Warum meldet sie sich nicht? Wieso sprechen wir nicht mehr miteinander? Was wird aus ihrer Karriere? Wann kommt sie zurück? Wieso kommt sie nicht zurück? - Sie ist verheiratet, Georgie, und sie kommt nicht mehr zurück - aber das waren Tatsachen, die er sich großzügig weigerte unter der Rubrik «Realität» abzuspeichern. Es tat weh, wie er litt, und er verdrängte darüber vollends, dass seine unbewältigte Beziehungskatastrophe auch ein Mittel war, der Auseinandersetzung mit sich selbst auszuweichen. Die Gründe für sein Scheitern weigerte er sich einzusehen, und so blieb die Sache in ihm unerledigt. Letztlich war er ein eindringliches Beispiel dafür, was geschehen konnte, wenn ein Mann sein ganzes Leben auf einen einzigen Menschen baute. Abende lang konnte man sich mit ihm im Kreis drehen, um immer wieder ergebnislos und erschöpft ans Ufer zu schwimmen, während er draußen, auf dem nächtlichen See seine verlorenen Runden drehte und den Mond anheulte. Dabei war mir klar, dass sie durchaus ihre Gründe gehabt hatte. Georgie, wie ich ihn nannte, konnte ein ziemlicher «pain in the neck» sein. Aber wer ihn kannte, der musste ihn mögen und verzieh ihm letztlich alles.

Also Georgie in der Leitung. Ich hatte überhaupt keine Zeit, aber über Probleme derart profaner Art war er nun wirklich erhaben. Er hörte sich frohgemut an, hatte fünf Jahre nach der Trennung, so berichtete er, endlich den Abschluss gefunden und war voller neuer Pläne. Das freute mich, aber ich hatte gerade verdammt wenig Zeit, George. Georg wollte unbedingt, endlich und sofort unseren Sohn sehen. Wir standen kurz vor einem Urlaub in der Bretagne, so dass ich ihm versprach, ihn gleich nach dem Urlaub zu kontaktieren. Super fand er das und erzählte mir ausführlich, was für große Projekte er endlich wieder vorhatte. Voller Stolz berichtete er mir, seine beiden Söhne hätten ihm toll über die schwerste Zeit hinweggeholfen und seien nun die wichtigste Stütze, die er habe. Schon früher hatte ich mir meine Gedanken gemacht, wenn er davon schwärmte, wie toll seine Söhne sich mit der Frau verstanden, derentwegen er sie und ihre Mutter verlassen hatte. Keinen dieser Einwände nahm er jemals ernsthaft zur Kenntnis. - Georg besaß nun mal ein begnadetes Talent, unangenehme Tatsachen auszublenden und den so verbliebenen Rest der Realität in einen krachenden Erfolg umzumünzen. Dieses Mal allerdings klang er leiser und damit echter: Es war etwas vom Glück eines Vaters zu hören, der spürte, dass seine Zuneigung von seinen Söhnen erwidert wurde.

Georgie kriegte einen immer herum, so auch dieses Mal. Unter seinem begeistert blubbernden Redefluss vergaß ich meinen Terminstress und erzählte ihm von meiner letzten Arktisreise. Er war voll dabei. Man konnte hören, dass das alte journalistische Frontschwein in ihm wach wurde, und das freute mich. Kein Zweifel, Big Bossert hatte die Kurve gekriegt. Aus dem Nichts heraus brachte er die Idee auf, mich auf meinem nächsten Arktistrip mit der Kamera zu begleiten und berauschte sich augenblicklich an dieser Möglichkeit. Wir gerieten gemeinsam ins Phantasieren, und ich gab ihm telefonisch bereits die wichtigsten Ausrüstungsteile durch. - Kein billiges Vergnügen, aber es war alles kein Problem, «und dann muss man mal sehen». - Georgies Lieblingsspruch, wenn ihm realitätsbezogene Erwägungen auf den Sack zu gehen begannen.

Okay, Georgie, lass uns aus dem Urlaub zurückkommen, und ich ruf dich an, und dann besprechen wir die Sache näher. Ja, sagte er, und dann will ich endlich euren Sohn sehen. Wir unterhielten uns über das Glück der Vaterschaft. Eine so intensive Form eines persönlichen Gefühls hatte ich vorher nie gekannt.

Der Urlaub war Kacke. Ich kam müde und sauer zurück. Sohnemann wurde, neunmonatig, abgestillt und füllte die beiden Wochen mit lauten nächtlichen Unmutsäußerungen. Unser Ferienhaus lag an einem Sandstrand in Sable-d'or-les-pins, an dem es nichts zu sehen gab außer ein paar Restaurants. Bezeichnenderweise hieß die nächste Siedlung «Plurien» - «Nichts mehr». Wollte man auch nur irgendetwas erleben außer dem Blick auf trocken gelaufene Priele, so musste man anderthalb Stunden über die Landstraße nach St. Malo fahren. Total verkackt.

Zurückgekehrt, verging eine Woche, in der ich mir zwanzigmal vornahm, Georgie anzurufen, aber es wurde nichts daraus. Schließlich kam das Wochenende, zu dem wir den Besuch eines engen Freundes mit Frau und Sohn erwarteten. Er war Diplomat und sollte einen wichtigen Posten an der deutschen Botschaft in Moskau übernehmen. Es war Sonntagnachmittag, unser Kleiner erwachte von seinem Mittagsschlaf. Augenblicklich gab er uns ordentlich Zunder, bis meine Frau die rettende Idee hatte: Als Georg noch Kinderfunkredakteur beim WDR gewesen war, hatte er eine CD mit Kinderliedern aufgenommen. Und sobald der erste Song lief und Georgies «Ein-und-zwanzig Waaaa-gen hängen an der Lok, hängen an der Lok ...» durch den Raum flutete, herrschte Ruhe. Der infantile Störer saß auf dem Boden und wiegte zufrieden lächelnd den Oberkörper. «Jetzt rufe ich Georg an.» Ich erhob mich, um hinunterzugehen in meine Bibliothek. Es war der einzige Platz, wo man noch ungestört telefonieren konnte. Und bei Georgie musste man mindestens dreißig Minuten Gesprächsdauer veranschlagen.

Auf dem Weg nach unten kam ich an unserer Haustür vorbei, und just in diesem Moment klingelte es. Unsere Freunde waren früher als geplant gekommen, und ich verschob zum erneuten Male meinen Anruf. Auch sie brachten ihren Sohn mit, und während wir uns in bester Stimmung unterhielten, sang Georgie, was das Zeug hielt, während die beiden Jungs dazu tanzten und alberten. - - Es war, wie sich am nächsten Tag herausstellte, genau die Zeit, zu der Georg von seinem Sohn ermordet wurde. Manchmal frage ich mich, was das Klingeln meines Anrufs in so einem Moment bewirkt hätte. Nach der Chaostheorie kann der Flügelschlag eines Schmetterlings an einem weit entfernten Ort einen Wirbelsturm auslösen. Vielleicht hätte hier sich der Sturm verhindern lassen. Aber das bleibt Spekulation.

Erst am Montagmorgen wies meine Sekretärin mich auf die Schlagzeilen in den einschlägigen Blättern hin, mittels derer sein Tod in ordinärster Weise publik gemacht wurde. So erfuhr ich vom Tod meines Freundes. «GELD, SEX, DROGEN!» Georgie konnte sich nicht mehr wehren, und er war lange genug im Geschäft gewesen, um die Spielregeln zu kennen. Ich zog mich nach Hause zurück, schrieb den Text einer Todesanzeige auf den Bildschirm und heulte. Georgs bisweilen kindliche Naivität, mit der er sich, immer wieder unbeirrbar, weigerte, warnende Anzeichen zu erkennen, musste ihm diesmal zum Verhängnis geworden sein. Während ich mir in Gedanken ausmalte, in welch unendlicher Einsamkeit er seine letzten Jahre verbracht haben musste, meldeten sich auf unsere Todesanzeige hin verschiedene, bisher durchaus seriös anmutende Damen, die mir gestanden, sie seien «früher einmal mit ihm befreundet» gewesen und nähere Auskünfte begehrten. Darunter war sogar eine Nachbarin, mit der ich nun, alleine schon aufgrund ihrer Korpulenz, wirklich zu allerletzt gerechnet hätte. Das alles erleichterte mich in gewisser Weise: Der alte Schlingel hatte sich offenbar doch schneller erholt, als ich ihm zugetraut hatte.

Als er beerdigt wurde, war ich geschäftlich in Abu Dhabi, und so war es mir verwehrt, ihn auf seinem letzten Weg zu begleiten. Ich tauchte erstmalig ein in die arabische Welt, die mir bis dahin eher suspekt gewesen war, und ich war sofort von ihr gefesselt. Meine Faszination jedoch wurde dadurch getrübt, dass ich zwei Wochen vor meiner Abreise meinen Vater mit einem schweren Erstickungsanfall ins Krankenhaus gebracht hatte und dies in der klaren Erkenntnis, dass er es nicht mehr verlassen würde. So telefonierten wir über eine weite Distanz, und ich hörte, wie er schwächer wurde und sein anfänglicher Optimismus und Kampfeswille immer mehr versickerten. Seine Stimme war schwach und keuchend, trotz des Sauerstoffschlauchs an seiner Nase, und sie vermittelte mir einen lebhaften Eindruck davon, wie der Krebs sich langsam durch seinen linken Lungenflügel fraß. - - Sollte es einmal so weit sein, möchte ich in den Stiefeln sterben. Eine Diagnose wie bei meinem Vater würde ich wohl mit meiner Vierundvierziger therapieren. Und im Zweifel bevorzuge ich auch sonst dreißig Sekunden Eiswasser vor zwölf Wochen auf der Internistischen Abteilung, mit zwanzig Schläuchen im Körper.

Ich kehrte zurück, voller farbiger Impressionen. Die Emiratis sind ein recht sympathischer Menschenschlag, der dem europäischen Klischee über muslimische Gesellschaften nicht einmal annähernd entspricht. Gerade in Abu Dhabi habe ich immer wieder eine beduinenhafte herzliche Gradlinigkeit angetroffen, wie man sie fast nur noch bei besonders naturnahen Populationen vorfindet. Kaum zwei Tage zurückgekehrt, flog ich zu einer gemeinsamen Besprechung nach München, in der wir über den Beginn der Chemotherapie meines Vaters entschieden. Er war verblüffend gut aufgelegt und strahlte eine Wärme und Offenheit aus, die weder meine Schwester noch ich jemals an ihm gekannt hatten. In unserer Familie war er fast durchwegs ein verschlossener, grimmiger Mann voller Hass gewesen, dessen

Humor nur selten seine von furchtbaren Kriegserinnerungen geprägte Stimmung übertünchte. Jetzt auf einmal besaß er ein so ausgeprägtes Charisma, dass uns sein Ende nur noch deutlicher zur Gewissheit wurde. Danach sah ich ihn noch ein letztes Mal, ein mageres, zerbrechendes Bündel Mensch, das - dem endgültigen Erlöschen nahe - nichts mehr von sich selbst behalten hatte als seinen schier unbändigen Willen. Wenig später erlag er einem nächtlichen Blutsturz.

Es sind dies die Momente, in denen es etwas bedeutet, Familienältester zu sein. Ich verspürte eine archaische Form von Verantwortung und übernahm instinktiv die Funktion des Leittiers, das den Familienclan auf Linie hielt. Erst als alles vorbei war, übermannten mich eine riesige Erschöpfung und eine schier grenzenlose Leere.

Sie sollten nicht lange dauern. Gerade neun Tage von der Beerdigung zurück, erhielt ich einen Anruf aus Abu Dhabi, nach dem ich als Gast des Präsidenten der Vereinigten Arabischen Emirate, Sheikh Zayed Bin Sultan al Nahyan, am Besuch einer deutschen Parlamentsdelegation teilnehmen sollte. Ich packte meine waidwunde Seele ein und flog.

Das Besuchsprogramm war verdammt eng. Wir kamen morgens um zwei Uhr an und hatten bereits um neun Uhr Vormittag das Briefing beim damaligen deutschen Botschafter, einem glatten Bürokraten, der mir wenig gefiel, weil er den Abgeordneten demonstrativ schön tat und die anderen Gäste genau so demonstrativ patzig ignorierte. Aber man schickt ja alles Mögliche für uns ins Ausland. Einige Monate später war ich daran beteiligt ihn abzusägen, was mich heute noch diebisch freut. - Nun, von da an jedenfalls jagte ein Termin den anderen. Wir waren zu Gast beim Präsidenten, flankiert von seiner gesamten Regierung und vom kompletten Hofstaat. Sheikh Zayed lud uns zum gemeinsamen Abendessen, und meine Eindrücke davon saßen und sitzen tief, nicht zuletzt weil das Auftreten der deutschen Abgeordneten teilweise an peinlichstem Provinzialismus kaum zu überbieten war. Noch während wir in unserem Konvoi zurückrollten ins Hotel, brachte das TV-Nachrichtenprogramm bereits einen Beitrag über unseren Besuch als speziellen Aufmacher: Ich sah mich selbst, wie ich Sheikh Zayed eine bayerische Holzschnitzerei überreichte. Am nächsten Tag war unser Gruppenfoto mit dem Präsidenten der Aufmacher aller Tageszeitungen. Sowas passierte mir erstmalig, und für kurze Augenblicke ist man dann versucht, sich für bedeutsam zu halten. - Gottseidank hat die Arktis mich frühzeitig eines anderen belehrt.

Was mich neben dieser Begegnung aber menschlich am meisten berührte, war die Privataudienz beim Hochschulminister der V.A.E., Sheikh Nahyan Bin Mubarak. Er war ein gut gelaunter Mann Ende der Dreißig, der ab seinem achten Lebensjahr in Großbritannien aufgewachsen war, und er hatte einen herrlich trockenen Humor. Einer der Abgeordneten unserer Delegation hatte einen recht dunklen Teint, stahlschwarze Haare und einen buschigen schwarzen Schnauzbart. Der Sheikh begann sein Eröffnungsstatement mit ungerührter Miene «... und freue ich mich sehr, die gemischte deutsch-türkische Delegation begrüßen zu dürfen ...» - Man merkte ihm an, dass er sein Grinsen nur mühsam unterdrückte. Der CDU-Abgeordnete Wolfgang Engelmann allerdings versank mit offenem Mund in seinem Sessel, während wir uns wiehernd auf die Schenkel schlugen. - Ich möchte einmal nur erleben, dass ein deutscher Politiker so etwas bringt.

Sheikh Nahyan Bin Mubarak ist für unsere Vorstellungen unermesslich wohlhabend, ich spare mir Details. Vor seinem Palast befand sich ein überdachter Unterstand mit verschiedenen Ferraris, Mercedestypen, Rolls Royce, etc. Gleich daneben war der

Raum, in dem er seine Jagdfalken hielt. Der Vater des jungen Herrschers, Sheikh Mubarak Bin Mohammed, war Innenminister der V.A.E. gewesen, bevor ein Gehirnschlag ihm die Ausübung dieses Amtes unmöglich machte. In vielen politischen Gesellschaften wäre dies gleichbedeutend mit der Abschiebung in die politische und persönliche Bedeutungslosigkeit gewesen, zumeist verknüpft mit gezielten Demütigungen und einigen alten Rechnungen. Sheikh Nahyan hingegen kümmerte sich um seinen Vater so rührend, dass er darüber zum Stadtgespräch wurde. Beide schritten bei offiziellen Anlässen nebeneinander, und Sheikh Mubarak saß zur Rechten seines Sohnes. So wurde seine Würde gewahrt. Ich habe selbst bei einer Madjlis des Sohns - quasi einer Standestagung der Männergesellschaft - beobachtet, welch ungebrochener Respekt dem Vater entgegengebracht wurde. - Auch das würde ich in unseren politischen Kreisen einmal gerne erleben: politischer Respekt nicht aus Machtkalkül, sondern als Ausdruck einer menschlichen Haltung. Mir wurden die Araber immer sympathischer. Das sind sie bis heute noch.

Umso krasser wirkte deshalb eine andere Begegnung, die allerdings zum inoffiziellen Teil des damaligen Besuchsprogramms gehörte, und welche die deutschen Botschaftsvertreter mieden wie eine Infektionsklinik. Da ich erzählt hatte, dass ich auch für ein deutsches Nachrichtenmagazin ein paar gute Stories suchen sollte, bekniete mich der halbe Bundestag, nur ja keinen Laut über dieses Treffen nach außen dringen zu lassen. Selbstverständlich hielt ich mich daran: Der Emir von Qatar, Sheikh Khalifa Bin Hamad al-Thani, war im Juni 1995 während einer Auslandsreise von seinem Sohn gestürzt worden. Mit dem diplomatischen Geschick der Araber hatte Sheikh Zayed, der Staatspräsident der V.A.E. das Putschregime des Sohnes zügig anerkannt - und dann dem Vater, einem langjährigen persönlichen Freund, Exil gewährt. Sheikh Zayed war ein äußerst großzügiger Mann, und so ließ er für den gestürzten Herrscher einen Palast bauen. Sheikh Khalifa jedoch weigerte sich, einen anderen Palast als seinen eigenen in Qatar zu beziehen, und zog ins Hotel Intercontinental, wo er auf vier Etagen 160 Zimmer belegte und das Foyer mit französischen Fremdenlegionären füllte. Diskreten Figuren also, die mit ihrem muskulösen Kreuz in italienischen Anzügen und ihrem Kurzhaarschnitt betont unauffällig an den Aufzügen herumlungerten - so unauffällig, dass jeder grinsend an ihnen vorbeiging.

Der Emir empfing uns in Privataudienz, flankiert von seinem Hofstaat in einem eigens für ihn hergerichteten Thronsaal. Politik ist immer eine Sache für sich, aber was wir hier erlebten, war ein Vater in seinem Zorn. Soweit ich den Inhalt des Gesprächs hier wieder geben kann, will ich mich darauf beschränken, dass der gestürzte Herrscher seinen ungebrochenen Willen kundtat, an die Macht zurückzukehren. Hinter dem Zorn jedoch wurde auch ein zutiefst verletzter Mann erkennbar: Ein Vater, der seinen Sohn politisch aufgebaut, ihn gleichzeitig zum Premierminister und Verteidigungsminister gemacht hatte, und von diesem dann - aus seiner Sicht - rücklings gelegt worden war. Nun saßen wir bei ihm. Ich studierte seine finstere Entschlossenheit und hielt es nicht für ausgeschlossen, dass er die Rückkehr schaffen würde. Am Morgen nach unserem Besuch versuchten Anhänger von ihm einen erfolglosen Gegenputsch in der qatarischen Hauptstadt Doha. Schüsse fielen, um die hundert Leute wurden verhaftet, und die französische Regierung sicherte postwendend Fremdenlegionäre zur Sicherung der Macht des neuen Regimes zu. Es wäre interessant geworden: Im Ernstfall hätten auf beiden Seiten französische Fremdenlegionäre gekämpft. - So viel zur Moral in der Politik.

Es gab eine Vereinbarung im Golfkooperationsrat (GCC), nach der Regierungswechsel in den GCC-Staaten seit einiger

Zeit nur noch gewaltlos sowie ohne Putsch und ohne Leichen erfolgen sollten. Der Sohn hatte diese Regel teilweise ignoriert, und verschiedene diplomatische Kanäle signalisierten mir, dass die Nachbarregierungen eine Rückkehr des Emirs nicht negativ bewerten würden. Ein hoher Geheimdienstoffzier der Region meinte verschlüsselt, ich sollte Sheikh Khalifa meine geschäftlichen Dienste anbieten. Ich begann zu recherchieren.

Bald wurde mir klar, dass der Emir in einer Situation steckte, in der buchstäblich jeder versuchte, ihn auszunehmen: Die seltsamsten Figuren und Organisationen hatten ihm die Durchführung einer gewaltsamen Rückkehr angeboten, was nach Aussagen von Militärs eine Kleinigkeit gewesen wäre. Angeblich wurde ihm von russischer Seite auch die Offerte unterbreitet, ihm gegen ein neunstelliges Dollarhonorar seinen Sohn im Käfig zu «liefern». Er lehnte alles ab, denn es hätte die ganze Region in Brand setzen können und - schlimmer noch - ihn selber politisch isoliert. Stattdessen setzte er auf seine politischen Kontakte und auf die unendliche Geduld der arabischen Seele.

Aber zurück an die Macht wollte er auf jeden Fall. Ich bot meine Hilfe im Bereich der Medienarbeit an und wurde um die Unterbreitung von Vorschlägen gebeten. Ich arbeitete eine ganze Nacht im Hotel durch und ließ ihm über einen arabischen Vertrauten ein detailliertes Konzept vorlegen, wie man den politischen Druck auf die Machthaber über gezielte Medienarbeit in den westlichen Staaten steigern konnte. Meine Kalkulation legte ich bei. - - - Sechs Wochen später erhielt ich zu Hause einen Anruf vom BBC World Service aus London. Ich hatte verpennt und kam gerade aus der Dusche, und mein Sohn Kevin versuchte mir ausgelassen quieksend das Handtuch wegzuziehen, während ich telefonierte. Vorteilhafterweise hatten wir kein Bildtelefon. - Nun ja: Die BBC besaß eine komplette Fotokopie meiner Ausarbeitung, einschließlich der Finanzkalkulation, und wollte «an sich nur noch bestätigen, dass sie wirklich von Ihnen stammt und dass die Zahlen stimmen.» Denn sie planten, wie man mir wohlwollend mitteilte, einen Beitrag über mein Konzept im arabischen Wochenmagazin der BBC. - So was freut einen, wenn man mitten in geheimen Verhandlungen steckt. Ich ließ den Protokollminister der Exilregierung informieren, dass sie einen Verräter in ihren Reihen hatten. Eine Woche später wurden meine gesamten «Strategical Reflections on the Present Situation» dann auch noch in einer der auflagenstärksten arabischen Zeitungen abgedruckt, Wort für Wort, zweckmäßigerweise gleich mit der Adresse und der Telefonnummer meines Büros. - Wir erhielten täglich bis zu vierzig seltsame Anrufe, jedoch nicht im Büro, sondern auf unserem Privatanschluss, meine Frau war nur noch ein Nervenbündel. Man wollte mir also signalisieren: Wir wissen, wer du bist und wo du wohnst. Ich vereinbarte einen kurzfristigen Termin mit dem Kriminalpolizeilichen Beratungsdienst, und man riet mir, eine kugelsichere Weste zu tragen, mir für gut zehntausend Mark im Monat einen Bodyguard zuzulegen, einen zweiten für Frau und Kind, sowie die Fensterscheiben in unserem Haus auszuwechseln, so dass man keine Handgranaten hineinwerfen konnte, und ansonsten möglichst gut aufzupassen. Beamter müsste man sein.

Widerstand und Drohungen machen mich seit jeher einfach nur stur. So wurde ich nach verschiedenen weiteren Gesprächsrunden mit dem Protokollminister des Scheikhs handelseinig. Aus politischen Gründen allerdings sollte die Vertragsunterzeichnung in London stattfinden, wohin der gestürzte Herrscher demnächst überwechseln wollte, und erst dann sollten meine Aktivitäten starten. Den lokalen Herrscher wollte man durch die Vertragsunterzeichnung nicht brüskieren.

Zwischendrin erhielt mein arabischer Vertrauter über den qatarischen Botschafter in Abu Dhabi eine «herzliche Einladung» nach Doha, und ob er denn nicht seinen deutschen Freund mitbringen wollte? Vermutlich hätte man genauso gut mit einem gelben Stern auf der Brust in eine Versammlung junger Nationaldemokraten gehen können. Wir dankten dem Sohn für die große Ehre und antworteten ansonsten eher ausweichend. - Zwei Monate später, die Vertragsunterzeichnung hatte sich immer wieder verzögert, las ich in meinem Hotel in Abu Dhabi beim Frühstück, dass Vater und Sohn sich geeinigt hatten: Der Vater akzeptierte seinen Sturz und sollte dafür in allen Ehren nach Qatar zurückkehren. Allerdings musste der Sohn ihn vorher auf neutralem Boden aufsuchen, um ihm Abbitte zu tun. - Der Protokollminister, ein hochgebildeter und offenbar sehr fähiger Mann, hatte die Einigung in einer Reihe von Geheimgesprächen herbeigeführt. Es ist immer schön, wenn Vater und Sohn sich wieder vertragen. Ich schrieb den Vertrag und den ganzen sonstigen Aufwand als Verlustposten ab.

Damit wäre ich dann beim eigentlichen Thema meiner Überlegungen: einer ganz spezifischen Form von väterlicher Blindheit. Aus erst einmal unerklärlichen Gründen ist es Vätern nahezu unmöglich, die Tatsachen in ihren Söhnen zu sehen. Offenbar ist es eine Beziehung, die geradezu prädestiniert ist, eigene Projektionen über den gesunden Blick für das in Wirklichkeit Vorhandene siegen zu lassen. Ich vermute, die wechselseitige Wahrnehmung Vater-Sohn als eine schlicht menschliche - und nicht als übermenschliche - scheitert oft an den unübersehbar narzisstischen Elementen dieses ganz besonderen Verhältnisses: Wir Väter, mögen wir es zugeben oder nicht, suchen in der Person des Sohnes allzu häufig nicht nach den Elementen der Person des Sohnes, sondern nach Elementen unserer eigenen Person. Ausschlaggebend hierfür wird sicher die unbewusst aktive Psyche des Rudelführers sein, der sich im Sohn zuerst einmal bestätigt sehen will, um die Gefährdung seiner Position auszuschließen. Oder anders gesagt: Der aggressive Instinkt des männlichen Leittieres duldet eigentlich keinen Nebenbuhler und würde im Allgemeinen einen Beiß- oder gar Tötungsreflex auslösen. Da diesem Reflex aber nicht nur die Notwendigkeit der Weitergabe unseres genetischen Materials entgegensteht, sondern - natürlich - auch menschliche Empfindungen wie Vaterliebe und Vaterstolz, beginnt unser Dilemma: Was wir aus den Tiefen unseres Instinkts heraus wollten, dürfen wir nicht, denn wir würden uns dadurch auch selbst verletzen - biologisch und gefühlsmäßig. Also werden Gefühl und Bindung besonders stark, denn nur so wird der aggressive Zwischenfall weitgehend ausgeschlossen. Bekanntermaßen ist es die diversifizierende Emotionsfähigkeit, die uns Menschen als partiell höher entwickelte Wesen kennzeichnet. Neben dieser jungen, eher zivilisatorisch ausgerichteten Fähigkeit allerdings wirkt das alte genetische Muster weiter: Die Zuneigung des Vatertieres ist eine abwartende. Ihre Stärke ergibt sich - anders als bei der Mutter - in erster Linie aus der Gefährlichkeit der aggressiven Tendenz. Nur wenn das bindende Gefühl mindestens so stark ist wie das bedrohende, kann der Nachwuchs - und damit das eigene genetische Material - überleben. Und ich persönlich bin überzeugt, dass im Hintergrund dieser Gefühlsspannung eine klare, wenn auch unbewusste Einsicht steht: Wir sind biologisch nicht nötig, Fortpflanzung gab es auch vor dem Auftauchen des männlichen Prinzips. Unsere eigentliche Funktion liegt darin, möglichst viel herumzustreifen und ordentlich hinzulangen, und damit legitimieren wir uns über die größere Streuungsbreite und die hieraus resultierende bessere Durchmischung des genetischen Materials. Evolution nämlich vollzieht sich durch das ungerichtete Abtasten x-beliebiger genetischer Kombinationen auf ihre Möglichkeiten. (Peinlich genug für die Evolution, viel Neues ist nicht herausgekommen.) Wer aber schon in den Tiefen seines Stammhirns die Botschaft mitbekommen hat, dass er einen letztlich verzichtbaren Luxus darstelle, der regt sich auch viel schneller auf, wenn diese, weitgehend einzige, biologische Legitimation unseres ja auch nicht ganz unattraktiven Geschlechts erschüttert wird. Doch genau das wird sie durch das Auftauchen eines neuen, jüngeren, potentiell länger lebenden und mit weit größeren Leistungsreserven ausgestatteten Männchens. - - - Manche werden hier den Kopf schütteln. Aber ich empfehle dem Leser einmal, im eigenen Bekanntenkreis oder - psychische Stabilität des Lesers vorausgesetzt - im eigenen Familienverbund nach den so typisch gespannten Vater-Sohn-Konstellationen zu suchen: Er wird sie überreichlich finden. Und er wird mit der ratlosen Distanz des Außenstehenden fragen, wieso der Alte, der ja «ansonsten eigentlich ganz vernünftig» sei, sich so kindisch benimmt. Die Gründe dafür habe ich oben erläutert. In Einem wird man mir jedenfalls zustimmen: Um rationales, d.h. zweck- und erfolgsorientiertes Handeln, das wir Männer ansonsten reichlich für uns beanspruchen, handelt es sich ganz bestimmt nicht. Hier wird anderes wirksam, was wir in aller Regel nicht zu steuern vermögen, da es Gehirnteilen entstammt, die sich unserer willensmäßigen Beeinflussung verschließen.

Das Ganze ist also schwierig genug, denn ein Teil des männlichen Problems - deutlich erkennbar in der vorwiegend von Männern geprägten Politik - ist, dass das genetisch vorformulierte aggressive Verhaltensmuster sich seit Jahrmillionen biologisch bewährt hat und erst neuerdings nichts als Probleme schafft. - Nur, wir haben es und wir werden es nicht los, und die Evolution wird uns auch kaum innerhalb von ein-zwei Folgegenerationen eine neue Software aufspielen. Deshalb sollte man um das Problem, das von dem genialen Irenäus Eibl-Eibesfeldt so trefflich formuliert worden ist, wenigstens wissen. Um es uns zusätzlich noch etwas schwerer zu machen, wird uns durch das «Auftauchen» eines Sohnes auch noch ein anderes, im Zweifel wesentlich aktuelleres, Verständnis der eigenen Sterblichkeit vermittelt, und es ist unübersehbar, dass dieses Phänomen mit dem oben beschriebenen korrespondiert: Plötzlich wird uns durch die Fakten klar gemacht, dass unsere Freiheit des Jungmannes, (die wir lange und verbissen gegen allzu frühe Fortpflanzungswünsche allzu vieler unglücklicher Partnerinnen verteidigt haben) nun doch dem Gefängnis der genetischen Determination gewichen ist. - Wir sollen aufziehen, sattelfest machen und dann gefälligst Platz machen und verschwinden. Klar, man wird mir nun einen Schwall von intellektualisierenden Gegenargumenten vorhalten. - Immer her damit! Die Mechanismen der Evolution sind allemal stärker als das bisschen menschlicher Hirnrinde, das sich in den jüngsten Entwicklungsphasen unter unserer Schädeldecke eingenistet hat.

Und so verstärkt sich mit dem stärker werdenden Männchen in unserem Haus auch unser selbstgestricktes Väter-Elend: Ein kleiner Kerl vergöttert uns, macht uns zu einem der beiden Fixpunkte in seinem Leben und vermittelt uns perfiderweise eine Überlegenheit, deren Brüchigkeit wir dennoch in jeder Minute unseres Vaterseins erahnen. Indem wir uns in unser Kind verlieben, dessen Züge wir suchend als die von uns ererbten interpretieren, betäuben wir etwas von unserer Angst vor der Uhr, die da leise tickt. Denn wir wissen: So groß wie wir jetzt sind, werden wir nie wieder sein. Während jemand neben uns größer wird, werden wir selbst unweigerlich kleiner. Und nur den persönlich Gebildeten unter uns - nicht zu verwechseln mit den Studierten, denn das besagt hier gar nichts - bleibt die Perspektive eines Wechsels in eine neue Rolle: die des Rückzugs auf die Beratung statt der Dominanz. Nur wenige schaffen es wirklich, aber allen fällt es schwer. Das alles schafft ein gerüttelt Maß von, wie Alexander Mitscherlich zu sagen pflegte, Erregungsspannung. Ein guter Nährboden für Realitätsverlust und das Wirksamwerden aller möglichen Mechanismen, die - jeder für sich - ein komplettes und nicht ganz ungefährliches Verhaltensmuster bergen und, da sie nun mal da sind, auch hungrig auf ihren Auslösereiz warten.

Ich erschrecke manchmal, wenn ich mir nur aus dem Kreis meiner Schul- und Jugendfreunde die Zahl derer vorstelle, die an ihren «autoritären» Vätern zerbrochen sind. Einige gaben einfach auf und endeten in der Mittelmäßigkeit. Einer soff. Zwei davon - davon der Eine hochintelligent und künstlerisch, der Vater hingegen ein Sturschädel von Unternehmer - endeten in der Psychiatrie. Ein anderer machte Konkurs mit einem Architekturbüro und eröffnete daraufhin einen Laden für Latexwäsche, normal ist auch sowas nicht. Eine ganze Reihe weiterer entfremdete sich ihren Vätern und hielt über Jahre nur distanzierten Kontakt, der sich erst wieder besserte, als die Biologie dafür gesorgt hatte, dass beide Seiten einander nicht mehr gefährlich werden konnten.

Tor hingegen, ein Mann voller Kraft und Selbstbehauptung, und damit auch mit einem beträchtlichen aggressiven Potential, schien mir vor Liebe, vielleicht auch vor Stolz, den Blick für das Tatsächliche verloren zu haben: Als ich die näheren Umstände von Edmunds Tod recherchierte, ergab sich mir ein anderes Bild als aus den Erzählungen des Vaters. «Der war nicht gerade unproblematisch», wurde mir gesagt: Ein leichtsinniger Draufgänger, der aus reinem Übermut bis zur Verantwortungslosigkeit riskierte, was zu riskieren war. Der - ein beliebtes Spiel der Teens auf Spitzbergen - mit dem Scooter die steilsten Berghänge in gerader Linie hochfuhr, bis kurz vor den Überschlag nach rückwärts. Erst dann machte er eine halsbrecherische Kehre und raste nicht weniger halsbrecherisch abwärts. «Er raste mehr als einmal über dünnes Eis, das keiner von uns mehr passiert hätte», erzählte mir ein erfahrener Arktisführer.

«Wir haben oft nur noch den Kopf geschüttelt. Möchte wissen, was ihn getrieben hat.»

Was wird ihn wohl getrieben haben? Jedenfalls vermute ich stark, dass die Überhöhung der eigenen Reproduktionsleistung dort beginnt, wo der Überhöhende mit eigenen Ängsten kämpft: Jung bleiben im Sohn, und sei es nur durch Projektion. Denn solange der Sohn toll ist, bleibt man es auch.

Als der qatarische Herrschervater sich wieder mit seinem aufmüpfigen Sohn aussöhnte, hatte ich die erste Hälfte dieses Essays schon geschrieben. Erst jetzt erfuhr ich aus neuen Quellen, dass der missglückte Gegenputsch im Februar 1996 das Ziel gehabt hatte, den regierenden Herrscherspross zu töten. (Das Vorhaben scheiterte allerdings daran, dass die kleine Rebellentruppe an der saudisch-qatarischen Grenze einen Panzer klauen wollte, den sie dann nicht gestartet kriegte, weil sie den Zündschlüssel vergessen hatten, und so wurden sie verhaftet, bevor sie überhaupt damit losgefahren waren. Wie eine Hotelmanagerin des Intercontinental mir berichtete, waren drei Tage vor dem Putschversuch vierzig der hundertsechzig Hotelzimmer storniert worden. Vierzig war auch die Zahl der Verhafteten bei dem Panzerzwischenfall. Sparsamkeit ehrt. - In der Tragödie steckt bekanntlich viel Lächerliches, das sich erst hinterher offenbart.)

Zusätzlich gab es wenige Wochen später eine kräftige MG-Garbe auf den gepanzerten Mercedes des qatarischen Gesundheitsministers, mitten am helllichten Tag in Doha. - Natürlich passierte ihm nichts, auf die Stuttgarter ist schließlich Verlass. Aber man bekam doch mehr und mehr den Eindruck, dass hier in erster Linie Dilettanten am Werk waren. Sei es, wie es sei, rückblickend wird auch hier sehr deutlich, dass ein autokratischer Herrscher, der ein intensives Verhältnis zur Macht besaß, versucht hatte, seine Rivalität gegenüber seinem Sohn auszuleben, indem er ihn erst einmal neutralisierte: von den Regularien einer dynastischen Nachfolgepflege einmal abgesehen, sind Gesten wie die gleichzeitige Ernennung zum Premierminister und Verteidigungsminister auch ein Signal: Er ist gefährlich. Er hat große Potenz. Ich muss ihm große Aufgaben geben, damit er mir meine eigene Potenz nicht nimmt! Diese Neutralisierungen gefährlicher Gegner durch Geschenke (ein beliebtes Beispiel sind die kleinen Aufmerksamkeiten von Chefs an einen Untergebenen, auf dessen Frau sie scharf sind) helfen nur nicht immer. Sie wirken ausschließlich so lange wie der Beschenkte sich auch selbst für den Unterlegenen hält. - Tut er halt nicht immer ...

Ich empfinde es stets als rührend, wenn einschlägige «Ratgeber» zur Verbesserung der irdischen Verhältnisse uns stereotyp empfehlen, dass «wir es schaffen können», wenn (a) wir einander die Hand reichen und es anpacken, (b) wir niemals den Mut sinken lassen und c-tens Gleichgesinnte suchen, mit denen wir uns austauschen können, etc. ... Das ist tatsächlich der Versuch, mit einem Plastikschaufelchen das Meer zu leeren. Schlimmer noch: Es ist ein Symptom für das Überhandnehmen eines idealisierenden Wunsches gegenüber einer als unangenehm empfundenen Wirklichkeit. - Nun sind die Tatsachen ja selten geneigt, sich nach unseren Wünschen zu richten, und viel weniger noch sind sie politically correct. Meist sind sie einfach nur unpassend.

Insofern glaube ich nicht, dass wir an dem geschilderten Spannungsverhältnis viel zu verändern vermögen, da es unserer willentlichen Disposition nicht untersteht. Auch die gepriesenen Entspannungstechniken mögen eine psychogene Aggressivität bisweilen dämpfen, bei einer phylogenetisch festgeschriebenen - wie es die männliche allemal ist, und die im Vater-Sohn-Verhältnis ganz besonders - werden sie wirkungslos bleiben. Nach allem, was wir heute wissen, bleibt uns also nur, uns mit den Gegebenheiten abzufinden. Da Aggressivität allerdings nicht nur als belastend erlebt wird, sondern durchaus auch als lustvoll, stellt sich die Frage, wie wir generell mit ihr umgehen sollten. Und ich meine, dass die Akzeptanz von Tatsachen stets der erste Schritt dazu ist, sie sich nutzbar zu machen: Nicht nur in Konrad Lorenz' bahnbrechendem Buch «Das sogenannte Böse» wird die menschliche Aggression als etwas stetig Quellendes beschrieben, das in der Entwicklungsgeschichte unserer Spezies eine überaus wichtige Funktion besaß. Ist dem aber so, dann hat es wenig Sinn zu leugnen, dass der Mensch generell ein aggressiv disponiertes Wesen ist - Mitscherlich spricht sogar von einem «aggressiven Triebüberschuss» - dessen Aktivität durch entsprechende Auslösereize stimuliert werden kann. Erstaunlicherweise scheinen diese Reize vor allem in Signalen von Schwäche und Hilflosigkeit zu bestehen (einer Stimulation des Beutetriebs also), was unserer zivilisatorischen Einstellung gegenüber den Schwachen natürlich Hohn spricht. Doch nicht nur die damaligen Ereignisse in Bosnien bieten eine grausame Fülle von Beispielen, wie «schön» es für die Täter ist, einen Menschen am Boden zu haben. Jeder Tag gebiert neue Vorfälle dieser Art.

Ich mache mir Sorgen, ob unsere deutsche Gesellschaft vor der Last unserer jüngeren Geschichte nicht dabei ist, die Tatsache unserer potentiellen Unkontrollierbarkeit durch eine Art von «Über-Ethisierung» wegzureden. Aggressives Verhalten wird stigmatisiert und der Untugendhafte auf den Pfad der «Verbalisierung» verwiesen, wo er dann sehen kann, wie er zurechtkommt, während die psychischen Probleme der Gesellschaft so zunehmen, dass die Privatkrankenkassen bereits Patienten mit psychotherapeutischer Vorgeschichte ablehnen. Nur, die Aggression selbst bleibt ja weiter bestehen. - Ist dieser Essay damit ein Plädoyer für die ungezügelte Aggressivität des Einzelnen?

Man müsste schön blöde sein, wollte man Derartiges ernsthaft vertreten.

Aber die Behandlung der Aggression durch Verdrängung und moralisierende Schönrederei dürfte uns auf Dauer kaum bekommen. Sie ist - zumindest potentiell - ebenso gefährlich wie eine Infektionskrankheit. Deshalb meine ich, dass wir nicht nur eine verstärkte universitäre Aggressionsforschung im Rahmen von Psychologie und Humanethologie brauchen, sondern vor allem auch eine Aggressionskunde, die einen Teil des sonst in unseren Schulen gelehrten Materials getrost ersetzen könnte.

Bleibt zuletzt, um den Kreis allmählich zu schließen und zu unserem tragischen Helden Hagen zurückzukehren, noch eine ganz spezifische Form männlicher Aggressivität: Ich habe oft beobachtet, dass Schmerz auch den gebildetsten Mann zu einem pöbelnden Proleten werden lassen kann. Während Frauen im Allgemeinen die Fähigkeit besitzen, ein Gefühl unmittelbar zu leben - insbesondere belastende Gefühle wie Trauer, Verletztheit oder Trennungsschmerz - tasten Männer hier meist im Dunkeln. (Nicht nur deshalb würde ich mir einen stärkeren Anteil weiblicher Machtteilhabe in unserer Gesellschaft wünschen). Seltsamerweise geschieht es relativ häufig, dass Männer unter den beschriebenen Umständen ein scheinbar kontradiktorisches Reaktionsmuster vorweisen: Ab einer gewissen Schmerzintensität wechseln sie über in eine Art von neuem «Erscheinungsbild». Der originäre Schmerz wird fast vollständig verdrängt zugunsten einer aggressiven, schneidigen Härte, die sich häufig einer stark vereinfachenden Vulgärsprache bedient - zum Zwecke der Abwertung des betrauerten bzw. verlorenen Objekts. Es ist naheliegend, dass diese Form einer Aufarbeitung regelmäßig scheitert und zur Herausbildung einer Fehlhaltung führt, während das auslösende Schmerzgefühl oft über Jahre hinweg unerledigt bleibt. Und weiterwirkt. - - -

Letztlich ist gerade diese Art der Aggressivität eine Fälschung: Während die «echte» Aggressivität Teil der auf «Eroberung» gerichteten immanenten Aggression ist - und damit Stärkeverhalten - bleibt die soeben beschriebene das Gegenteil: In Wirklichkeit ist sie der Ausdruck der Schwäche ihres Trägers und seiner Unfähigkeit, sich seinen emotionalen Realitäten zu stellen. Also eine Vermeidungsstrategie.

So möchte ich, unabhängig von allem Geschwätz um «political correctness», das Verhalten Hagens verstanden wissen. Die mehrfach im Vorfeld der Veröffentlichung aufgekommene Diskussion um die Zulässigkeit seines bisweilen arg derben Sprachniveaus in einem literarischen Werk - während es ja einen großen Teil unserer gesellschaftlichen Wirklichkeit täglich bestimmt, leider nicht nur verbal, sondern auch geistig - geht an der Sache vorbei. Ich halte sie sogar für ärgerlich. - Literatur hat nicht die Aufgabe, das Schönheitsempfinden von Germanisten zu bedienen, sondern Wirklichkeit abzubilden, insbesondere die problematischen Bereiche der Wirklichkeit. - - - Und dass Männer, sobald sie ausrasten, sich selten ausdrücken wie ein Lehrstuhlinhaber für Verwaltungsrecht, sollte eigentlich bekannt sein. - Nicht anders ist es mit Hagens Frauenbild: Natürlich ist es nicht mein eigenes, auch wenn sich gelegentliche emotionale Versuchungen darin wiederfinden. Im Übrigen lässt das Werk die Hintergründe von Solveigs offensichtlich psychopathischem Verhalten offen. - - Aber um die Zulässigkeit eines Frauenbildes geht es bei «Oklahoma» ja ohnehin nicht, obwohl selbst (und gerade) Verlagslektoren diesem Unsinn immer wieder anheimgefallen sind. Dargestellt werden soll, woraus solch ein Frauenbild sich erklären kann - es hat praktisch immer mit Liebesentzug zu tun - und wohin es führt: Gewiss nicht zwangsläufig zum Mord, aber zu einer oftmals krankheitsnahen Verengung der subjektiven Optik und fast immer zu einer Zerstörung von seelischen und realen Teilbereichen.

Hagen, wie übrigens auch frühere arktische Romanhelden von mir, ist diesem Prozess im wahrsten Sinne des Wortes erlegen. Seine verkrampfte Schneidigkeit, seine Sturheit, und die Verleugnung eigener Fehlbarkeit lassen vermuten, dass er niemals wirklich begriffen hat, was im Wechselspiel seiner Partnerbeziehung schief gelaufen ist. Sie sind auch die eigentlichen Auslöser der Situation, in die er und Halvard geraten sind. Dass er sich mehr und mehr als Teil eines fließenden Prozesses erlebt, der zu seinem Ende hinführt, ist seine subjektive Welt. In Wahrheit ist es die Externalisierung seiner eigenen Haltung: Natur ist in aller Regel neutral, was wir in ihr fühlen, ist was wir in sie legen - eine Widerspiegelung unserer eigenen Psyche somit. Und so wird die Unfähigkeit zu trauern für Hagen zur unentrinnbaren, zerstörerischen Bedrohung. - Nicht, dass ihm das vorgeworfen werden soll; das Leben lässt uns meist wenig Chancen, uns idealtypisch zu verhalten. Ob er anders gekonnt hätte, oder ob sein seelisches Konto sich unvermeidbar in Richtung seiner Selbstaufhebung entwickeln musste, kann deshalb auch dahingestellt bleiben. Denn manchmal bleibt uns, trotz aller Einsicht, tatsächlich nur die Trauer.

Ich trauere immer wieder mal um den guten alten George.